HANS-DIETER WILLKOMM

Von rot
bis schwarz

HANS-DIETER WILLKOMM

Von rot
bis schwarz

Jagderzählungen

mit Illustrationen
von Karl H. Snethlage

Bibliographische Information der Deutschen Bibliothek

Die Deutsche Bibliothek verzeichnet diese Publikation in der
Deutschen Nationalbibliographie; detaillierte bibliographische
Daten sind im Internet über http://dnb.ddb.de abrufbar.

BLV Buchverlag GmbH & Co. KG
80797 München

© 2009 BLV Buchverlag GmbH & Co. KG, München

Umschlagmotive: Vorderseite nach einem Ölgemälde von Dr. Karl-H. Snethlage
Vordere Klappe: Hans-Dieter Willkomm

Lektorat: Gerhard Seilmeier
Herstellung: Ruth Bost
DTP: Satz+Layout Peter Fruth GmbH

Printed in Germany
ISBN 978-3-8354-0568-4

Inhalt

Auftakt

Nicht von starken Trophäen, nicht von Büchsen und Kalibern – von der Seele der Jagd, die es zu pflegen gilt, erzählen die Geschichten, von Augenblicken, die zu den glücklichsten bei der Jagd gehören: Wenn der Jäger ganz im Banne des Wildes steht, der Bock, die Sau oder die Enten sich ankündigen oder ganz unvermittelt in sein Blickfeld treten. Wenn für den Jäger nur das Eins sein mit der Natur und dem Wild existiert, die Zeit für ihn still zustehen scheint.

Der Leser erfährt in den Erzählungen aber auch von Enttäuschungen des Jägers, wenn das herbeigesehnte Zusammentreffen mit dem Wild ausbleibt, die Feisthirsche oder die Schwarzkittel einen anderen Weg nehmen als vor die Büchse des Jägers. Und wie aus der Enttäuschung Hoffnung erwächst, dass vielleicht schon am nächsten Morgen oder am Tag darauf die Feisthirsche oder die Schwarzkittel auf ihn zu wechseln werden. Denn Jagen ist immer mit Hoffnung verbunden, und die Begegnung mit Wild ist für den Jäger immer das erste Mal, immer neu. Deshalb altert Jagen nicht, bleibt Jagen im Kern stets spannungsreiches Suchen und Erwarten von Wild.

Hans-Dieter Willkomm

Unter alten Eichen

Scharfer Nordwest hatte die Kronen der Alteichen im Großen Modderbusch arg zerzaust. Eben zur rechten Zeit, als der späte Novembermond sich ankündigte. Jetzt lächelte der Nebelmonat dem Jäger verführerisch zu: Komm, die beste Zeit unter den Eichen beginnt, versäume die hellen Nächte nicht! Rauschzeit gibt es jedes Jahr, doch Rauschzeit und Eichelmast, das ist das Wahre. Da kann kein Jäger widerstehen.

Nicht nur der Eichen wegen suchen die Schwarzkittel diesen Ort gar zu gern auf, die Suhlen, die sich im Erlenholz hinziehen, locken zu jeder Jahreszeit. So anziehend dieser Platz für den Jäger auf den ersten Blick auch erscheinen mag, so schwierig gestaltet sich die Jagd – oder so einfach, wenn man sich Zeit dazu nimmt. Auf langes Sitzen kommt es dort an, mit Pirschen lässt sich nicht viel ausrichten. Umgeben von Hangdickungen gegen Süden und Südwesten und Stangenholz mit Jungwuchs zur Spreeseite, liegt dieser Flecken regelrecht abgeschirmt aber im Küselwind. Die mit lockerem Unterwuchs bewachsene Altholzlehne zu den Sauener Bergen hin ist die einzige Stelle, von wo aus der Jäger die Suhlen hinter den Eichen und im Erlenholz vom hohen Sitz einsehen kann, will er Anblick haben und auch zum Schuss kommen.

Zum Küselwind, der die Pirsch zu den Eichen und um die weitläufige »Suhlenanlage« – durch Quellwasser frisch gehalten – von vornherein ausschließt, kommt noch etwas hinzu, was den Ansitz außerdem erschwert: die Sauen selbst, die ringsum Einstände in Hülle und Fülle vorfinden, können diesem Anziehungspunkt von allen Seiten zuwechseln, vor allem zu ganz unterschiedlichen Zeiten. Auf diese Örtlichkeit trifft im wahrsten Sinne des Wortes die alte Jägerweisheit zu, dass es bei der Jagd kein ›Vorn‹ und kein ›Hinten‹ gibt. Stecken die Sauen in der Nähe, ist zur Eichelzeit noch im Dämmerlicht mit ihnen zu rechnen. Wechseln sie von weither an, kann es seine Zeit dauern. Mitunter lassen sich die Schwarzröcke erst am Morgen blicken, statten den Suhlen nur einen Höflichkeitsbesuch ab, wenn das Schlammbad an anderer Stelle von ihnen als ausreichend befunden wurde. Auch gibt es Tage, da nehmen die Sauen von ihren Lieblingsplätzen keine Notiz. Da sitzt man und sitzt und wartet vergeblich auf ihr Erscheinen.

Doch an jenem stillen Novembertag, von dem ich erzählen will, hatte ich das untrügliche Gefühl, Saudusel zu haben, die Rauborstigen schon beizeiten diesen Platz aufsuchen würden, um danach den Weg ins Feld oder zu den Spreewiesen anzutreten. Die voran gegangenen Sturmtage sprachen dafür, konnten sie doch wieder umherziehen und umherspüren, das Eichenlaub in aller Ruhe genüsslich durchfurchen und mit Lust im Morast der Suhlen herumstapfen.

Vom langen Gestell aus machte ich mich am späten Nachmittag auf den Weg zur Kanzel am Hang vor den Modderbuscheichen. Eichelhäher strichen rätschend fort, und Amseln zeterten ob der Störung – das war der Empfang unter den alten Eichen.

Doch es empfing mich noch mehr: Spätherbststille, Blätterfall und modriger Laubgeruch. Das Jahr bereitete sich für den Abschied vor. Für den Jäger hat all das noch eine zweite, eine höhere Bedeutung. Es weckt die Stimmung für die Saujagd im Herbst. Was wäre ewiger Jagdfrühling? Die Natur hat es weise eingerichtet, und wir Jäger folgen ihrem Wechsel.

Ein Rascheln im Farnkraut ließ mich aufhorchen. Ein Reh, ein Bock, ein geringer, stakste durchs abgestorbene Kraut und hatte es eilig, den Hang zu erreichen. Doch er kam rasch wieder zurück und suchte auf dem Weg unter mir nach Eicheln. Wie drüben in der Dickung ein derbes Brechen zu vernehmen war, stutzte der Bock, machte kehrt und verschwand mit ein paar Fluchten im Unterwuchs neben meiner Kanzel.

Drüben in der Dickung wurde das Brechen lauter, energischer. Immer näher schoben sich die Sauen dem Dickungsrand zu. Eine Bache mit Frischlingen oder ein gemischter Trupp sicherlich, die wie bestellt anmarschiert kamen. Ich frohlockte über den Saudusel bei noch gutem Licht. Jetzt traten sie am Dickungsrand umher, schienen aber dem Frieden unter den Eichen nicht recht zu trauen. Da wagte ein Frischling den Schritt ins Freie, huschte aber sogleich wieder zurück. Lange wird dieses Getue nicht anhalten, dachte ich, dann nehmen sie Besitz vom gedeckten Tisch. Mit dem Schuss wollte ich mir Zeit nehmen, die Rotte ungestört ins Gebräch ziehen lassen, dann mit Vergnügen ihrer Abendmahlzeit zuschauen und erst danach zum Drilling greifen.

Doch die Sache entwickelte sich ganz anders. Den Schwarzkitteln kam überhaupt nicht in den Sinn, mir auf der Waldbühne etwas vorzuspielen. Sie zogen am Dickungsrand von mir fort, unterhielten sich dabei recht angeregt und nahmen dann die Suhlen im hintersten Winkel an. Statt eines Schauspiels gab es für mich nur ein Hörspiel. Die Schwarzkittel amüsierten sich eine Weile ganz köstlich, dann wurde es stiller und stiller. Hatten sie den Weg zu den Spreewiesen eingeschlagen oder die Eichen im Kleinen Modderbursch im Sinn?

Warum sollte ich ihnen ins Ungewisse nachpirschen, dabei mehr als sie nur stören, für Tage vergrämen? Die Suhlen und die Eichen vor mir gehörten ja auch der Verwandtschaft und den Einzelgängern, darauf setzte ich, hoffte auf Nachschub. Kaum dass ich der Bache samt ihrer Nachkommenschaft eine gute Nacht und viel Spaß an den anderen Selbstbedienungsläden gewünscht hatte, riss mich ein Tapsen, eher ein ruckartiges Tappen am Hang links neben mir jäh aus dem Gedankengespinst um die möglichen Wege der fortwechselnden Sauen. Da – wieder die ungleichen Tritte! Ein seltsamer Schritt, und noch einer, als ob der mit der Hahnenfeder am Hut daher gehumpelt käme. Nun sah ich die Gestalt. eine Sau, die am Weg vor den Eichen verhoffte.

Überläufer oder junger Keiler? Regungslos verharrte das Stück. Für einen Überläufer erschien es mir zu stark. Grad' als ich vor dem Hosenflicker den Hut ziehen wollte, setzte er sich in Bewegung, tunkte vorn ein, hoppelte förmlich den kleinen Absatz ins Farnkraut hinein. Da gab es kein Zögern. Die Kugel saß gut, die Sau lag im Feuer. Lange hielt ich's auf meiner Kanzel nicht aus, wollte Gewissheit haben, ob junger Keiler oder Überläufer, auch über die Ursache des Teufelsganges. Flugs kletterte ich von der Empore und trat – obwohl sich im niedergetretenen, braunen Adlerfarn nichts mehr rührte – mit schussbereitem Drilling in der Hand vorsichtig an die Sau. Ein Keiler war's, vierjährig, kaum älter, und ein echtes Hinkebein. Der rechte Vorderlauf fehlte, verheilt wie amputiert. Vielleicht wurde er als Überläufer beschossen, denn das Blatt hatte auf Grund des fehlenden Laufs an Kräftigkeit verloren.

Wie ich so über den geringen Keiler gebeugt, das Gewaff betastete, hörte sich's wie Rumoren ganz hinten in den Erlensuhlen an … Kommt gar die Bache mit ihren Frischlingen zurück, oder hat sich eine Überläufergesellschaft eingefunden? Dacht' es und griff nach dem Drilling. Die Gebärden der Sauen wurden lauter, halb vermoderte Äste brachen, dass es nur so knasterte. Die Stücke hasteten durchs moddrige Gelände, als wäre ihnen eine Hundemeute auf den Läufen. Dann ein markerschütterndes Aufjauchzen. Wie die wilde Jagd kamen die Sauen auf mich zu. Rasch trat ich vor eine weiter am Hang stehende Eiche, um das Geschehen im Blickfeld zu haben. In Sekundenschnelle entwickelte sich alles. Rechter Hand von mir, dann wieder links ein Holterdiepolter. Jetzt hielten die Sauen in ihrem Spektakel inne. Aus dem Graudunkel der Suhlen lösten sich zwei helle Gestalten – Frischlinge. Greifbar nah' vor meiner Eiche stoppten sie, verhofften verdutzt, schienen etwas von meiner und der Keilerwitterung in den Wurf bekommen zu haben und wandten sich dann unschlüssig Richtung Kieferndickung. In dem Moment riss ich Funken. Ein kurzes Aufklagen, dann ein Fortrasen – und neben mir Schlegeln – und hinten im Erlenmorast verdrückten sich die Sauen. Meine nächtliche Störung war zuviel des Guten. Das Mondlicht half mir beim Aufbrechen. Und schon kam mir anderes Jagen in den Sinn. Morgen schon, oder in zwei, drei Tagen, wenn der Mond sich wendet, gilt die Nacht unter den Eichen den Füchsen.

So ist der Jäger, so ist die Jagd.

Im Kleinen Modderbusch

Alte, knorrige Eichen sind für den Jäger im Herbst und Winter ein Heiligtum besonderer Art. Jeder weiß es, die Schwarzkittel finden sich dort zur Tafelrunde ein – zum fürstlichen Mahl oder zur Bettelrunde. Unter Eichen kreuzen sich die Wege der Rotten und der Keiler, unter Eichen herrscht meist Begängnis, mal mehr, mal weniger, mal bleiben die Sauen aus, auch längere Zeit, kommen aber immer wieder vorbei, halten diesen Stätten die Treue. Grund genug, dass sich der Jäger die Eichengründe ausgiebig zunutze macht, viele Stunden dort zubringt, die Mondnächte nicht verschläft und am frühen Morgen, auch an grauen Herbstabenden und sonnigen Wintertagen zur Stelle ist.

Der Eichengrund im Urstromtal der Spree, der Kleine Modderbusch gehört wie der Große Modderbusch zu meinen Lieblingsplätzen. Riesige Eichen mit weitgefächerten Kronen behaupten sich seit Hunderten von Jahren, und die Jüngeren warten auf ihre Zeit.

Selbst wenn die Götterbäume nicht viel zu bieten haben, zieht es mich hierher.

Mit jedem Wetter was es gab, hatte ich unter den Eichen Bekanntschaft gemacht, den Gesängen der Eichen mit dem Wind gelauscht, mich wohl gefühlt im Rauschen der Äste und Blätter. Den Germanen war die Eiche heilig, in ihr hatte Donar, der Gewittergott, seinen Sitz. In Sturmnächten brauste er in einem Bocksgespann über den Himmel, schwang seinen Hammer und schleuderte Blitze. Mit Eichenblättern bekränzte Dryaden schützten mit Äxten die Bäume gegen Angriffe aller Art, denn die Eiche ist Symbol des Lebens, der unerschöpflichen Fruchtbarkeit.

Unter meinen Eichen kamen mir Sauen über Sauen vor die Büchse, vom Frühjahr an bis es wieder Frühling wurde, und ich nach den Schnepfen Ausschau hielt. Doch von allen Jahrszeiten war mir fürs Saujagen der Herbst am liebsten, der späte November, wenn der Mond durch die Kronen der Alteichen schimmerte oder der Morgen langsam herauf dämmerte.

Es ging auf den vollen Novembermond zu, doch die Schwarzkittel hatten mit meinem Eichengrund nicht viel im Sinn, warum auch – das, was es gab, war längst aufgezehrt, und im Feld lockten die Maisreste. Nur eine Bache mit ihren Frischlingen fährtete sich am Weg, der an einer Eichenreihe entlang führte. Den heiligen Tempel ließen sie links liegen. Doch ansitzen unter den Eichen wollte ich. »Bekommen die Sauen im Feld überall Dampf, nehmen sie auch mit wenig vorlieb«, dachte ich, »stecken vielleicht irgendwo in der Nähe und statten den Eichen zumindest einen Höflichkeitsbesuch ab.«

Weit vor dem Eichenoval verwandelte ich mich, ging Schritt für Schritt, denn zum Ansitz hastet man nicht, muss sich einstimmen, mit allen Sinnen zum Jäger werden, Alltägliches zurück lassen.

»Brach da nicht ein dürrer Ast? Nein, ist wohl nichts gewesen, denn mit den Sauen hat es noch Zeit«, redete ich so dahin. »Doch jetzt wieder! Ganz deutlich das Knacken eines morschen Astes – sind doch schon auf den Läufen, meine lieben Schwarzkittel!« Gespannt horchte ich in Richtung Fichtenhang. Jetzt polterte es drüben am Stangenholz – »Nicht zu glauben, die Sauen haben die Eichen nur gestreift – so ein Pech!« murmelte ich vor mich hin.

So geht's zu bei der Jagd. Sitzt man bereits im letzten Licht an, lässt sich die Bande erst gegen Mitternacht blicken. Macht man sich erst zu später Stunde auf den Weg, haben die Sauen ihren Besuch unter den Eichen bestimmt vorverlegt, hört gerade noch, wie sie sich entfernen, so wie ich's eben erlebte.

Doch ich blieb, klappte meinen Sitzstock aus und wartete ab, denn ich hatte sie ja nicht vergrämt. »Vielleicht macht die Bache mit ihren Frischlingen einen Rundgang zum Großen Modderbusch und kehrt bald wieder hierher zurück«, dachte ich bei mir. Ob die Sauen zurück kommen oder nicht, im Mondlicht unter alten Eichen ansitzen, ist die köstlichste Zutat, die der Jagd die Seele gibt.

Der Mond stand schon hoch am Himmel, als drüben am Hang ein Brechen, ein Hasten durch trockenes Kiefernholz mich aufhorchen ließ: »Die Sauen, die Bache mit den Frischlingen kommt zurück!« meine Hoffnung erfüllte sich. »Jetzt müssten sie am Rand des Holzes stehen, jetzt in die Eichen wechseln, jeden Augenblick vor mir auftauchen«, so fieberte ich den Sauen entgegen.

Ich hörte sie durch Morast stapfen. Näher und näher kamen zwei silberhelle Gestalten grad' auf mich zu. Keiler und Bache oder Überläufer? Noch zehn Meter, noch fünf – da stutzte die erste Sau, und »wuff!« und seitwärts in die Eichen zurück. Dort verhofften Beide, machten ein paar Schritte, hielten wieder inne und standen für mich so, dass ich nicht schießen konnte. Dann steuerten sie die Erlen an, danach hörte ich sie im Farnkraut leise brechen. Plötzlich krachten Äste im morschen Kiefernjungwuchs.

»Vielleicht kann ich die Wanderburschen am Ende des Eichenweges erwischen«, dachte es und pirschte, nein lief ihnen hinterher. Jeder Schwarzwildjäger kennt das: Haben Sauen den Drang in eine bestimmte Richtung, und werden sie auf ihrem eingeschlagenen Wechsel nur leicht vergrämt, weichen sie im Bogen aus, um dann wieder auf ihren Weg zurück zu kehren.

Im alten Farn links von mir machten sich die beiden Unwirsche zu schaffen, hielten sich aber nicht fest, zogen langsam in Richtung Wiese. »Nur nicht zu nah heran«, ermahnte ich mich, ein zweites Mal geht der Zusammenstoß nicht so glimpflich aus. Wenige Meter vor mir im Farn raschelte es. Schnell ging ich einige Schritte zurück und drückte mich hinter eine Buche, den Drilling entsichert in der Hand. Das Glas wäre jetzt ein unnützes Ding gewesen.

Ganz leise kamen die beiden Sauen gezogen. Ein schwarzer Rücken wurde frei und noch einer. Ganz bedächtig näherten sich die Schwarzkittel den Eichen am Weg. Jetzt, jetzt trat das erste Stück auf den Weg, schritt vorsichtig der anderen Seite zu. Da löste sich die zweite Sau aus dem dunklen Farn und zog ebenso langsam ihrer Vorgängerin nach. Im Feuer sah ich ein undeutliches Weghuschen, hörte es fortbrechen, dann kehrte wieder nächtliche Stille im Eichengrund ein.

Das nenne ich Jagd, all das ist mehr als nur abschießen, einen Plan erfüllen. Wenn es nur darum ginge, wer säße dann mit Ausdauer am Mais, an der Suhle oder anderswo? Wer zöge da nicht den warmen Ofen vor?

Am Anschuss Eingriffe, ein paar Meter weiter im Schein der Lampe die ersten spärlichen Schweißtropfen. Lag da vorn nicht ein dunkler Klumpen? Mit zögernden Schritten ging ich zu, größer und größer wurde die auf der Seite liegende Sau – ein Überläufer, vom Mais rund wie eine Tonne.

Tage später, die Vollmondzeit war längst vorüber, zog es mich wieder zu den Eichen, um die Sauen auf dem Rückwechsel abzupassen. Zweimal foppten mich die Schwarzröcke schon. Im hellen Licht führte die Bache ihre Frischlinge hierher, nahm aber von dem Eichenboden keine Notiz, wirtschaftete mit ihrem Nachwuchs in den Erlen herum und verdrückte sich wieder.

Nun wollte ich's erst recht wissen, streute Maiskörner um zwei Eichen und kleckerte dann die gelben Wunderpillen in Richtung meines Ansitzes, glaubte, die Bache samt Frischlingen nun an der Schnüre zu haben. Doch die Rechnung ging nicht auf. Die Bache fiel vorerst auf den Schwindel nicht rein, machte ihre gewohnte Runde und verschwand wieder.

»Dann eben nicht!« schickte ich ihr und den Frischlingen meinen Gruß hinterher, packte den Rucksack, klappte den Sitzstock zu und griff nach dem Drilling. In diesem Augenblick brach es neben mir im Holz – und eh' ich es so richtig deuten konnte, drängten sich mehrere Sauen auf den Weg und schnüffelten zu den Eichen hin. Wie eine große Geburtstagsüberraschung kamen die Schwarzkittel daher, und dankend nahm ich sie an. Warum sollte ich meine Gäste sogleich mit Pulver und Blei in die Flucht schlagen, das schöne Bild im grauen November zerstören? Ganz behaglich fühlten sich die Sauen, bis einer der Überläufer plötzlich das Signal zum Aufbruch gab. Drei von ihnen blieben unschlüssig zurück, hätten wohl gern noch ein Weilchen herum gesucht. Dieser Augenblick genügte mir. Eiligst fort stolperten die drei Überläufer – nicht viel stärker als die Frischlinge der Bache, auf die ich's abgesehen hatte – nach dem Schuss, denn derbe Äste lagen überall kreuz und quer.

Es wird gut sein, die Eichen erst einmal zu umgehen. Warum stichgerade drauf zugehen? Ein bisschen Spannung, ein wenig Ungewissheit gehört dazu, grad' wenn man sich seiner Sache sicher ist.

Der Über- und Einwechsel war leicht zu finden, doch kein Schweiß, was ja nicht unbedingt ein schlechtes Omen sein muss. Und wie ich so stand, mich entschloss, zum Anschuss zurück zu gehen, und mehr gewohnheitsmäßig in die Runde schaute, blickte mich eine Sau an und ich sie. Der Überläufer hatte die schützende Dickung nicht mehr erreicht – er lehnte an einer Erle.

So ist die Jagd, die Jagd auf Sauen, stets hält sie Überraschungen für den Jäger bereit.

Obertreiber Schooten

Die Wintersonne lächelt den Jägern zu, und die Jäger freuen sich über Pulverschnee und Neue, die den Wald schön und geisterstill machen, grad' so, wie man sich's wünscht fürs Jagen auf die Schwarzkittel. Wenn die urigen Borstentiere durchs Unterholz angetrottet kommen, auftauchen und wieder unsichtbar werden, oder durch den Schnee stieben, als käme der Leibhaftige daher – dann, ja dann schlägt jedes Jägerherz höher.

... Am alten Zollhaus, das an die Grenze zwischen Mecklenburg und Pommern erinnert, warteten die Jäger mit Ungeduld auf die Rückkehr der Kreiser, vertraten sich die Füße, erzählten sich von vergangenen Saujagden und fieberten der heutigen Jagd entgegen. Als dann endlich der erste Kreiser den breiten Weg zum Sammelplatz herauf kam, verstummten die Gespräche, alle hofften auf zwei Worte: »Sauen fest!« Doch der kleine Jockel zuckte nur mit den Schultern und erklärte: »Nichts weit und breit, könnt es mir schon glauben. Um die Apostelsteine nicht eine einzige Sau.«

Die Jäger machten lange Gesichter schauten sich ungläubig an und schüttelten die Köpfe. Die Spannung hatte den ersten Dämpfer erfahren. Dann kam Friedel mit langen Schritten ganz außer Atem und beschrieb mit Händen und Füßen, was er gesehen hatte: »Drüben am Feld im Stockausschlag steckt eine Überläuferrotte, und in die Saufichten hat sich eine Bache mit mehreren Frischlingen eingeschoben. Zwei ganz sichere Treiben – das wäre doch was!«

Wie Balsam wirkte Friedels Bericht auf die Jäger. Helle Freude kam auf. Jeder durfte nun hoffen auf Schwarzkittel. Noch fehlte Obertreiber Schooten, und als er kam und erzählte, stellte sich Festtagsstimmung ein: »Was soll ich euch sagen? Kaum zu glauben, doch es ist die reine Wahrheit: Im Erlenholz stecken Sauen über Sauen; von zwei Seiten sind sie zugewechselt. Macht Eure Püster scharf, alles andere besorg' ich schon!«

Ein kurzes Verständigen zwischen Jagdleiter Bele und Obertreiber Schooten, und die Sache war klar. Die Schützen – elf an der Zahl – wussten ob rechts oder links, und ab ging es zum ersten Treiben. Zur Einstimmung wurde die lockere Fichtendickung genommen, wo die Bache mit ihren Frischlingen das Lager aufgeschlagen hatte, fest im Kessel steckte. Von der Punkteiche aus umgingen die Schützen weiträumig die Dickung, umschlossen sie wie einen kleinen Kessel. Den Rückwechsel besetzte der Jagdleiter, und ich stand ihm sozusagen gegenüber dort, wo die Dickung bauchig auslief ohne Sicht auf die Nachbarschützen. Für die Flinte gab es ein gutes Schussfeld, nur in Abständen kahle, schneebetupfte Sträucher im hohen Holz. »Nun brauchen nur noch die Sauen angerückt kommen«, dachte ich und kratzte mir mit den Stiefeln den Standplatz zurecht.

Der Plan war folgender: Zwei Treiber hatten die Aufgabe, nach dem Anblasen vom Stand des Jagdleiters aus im Dickungsrand auf mich zu zugehen. Obertreiber Schooten sollte etwas später mittendurch spazieren und für Unruhe sorgen. Anders gesagt: Jockel und Friedel hatten die Aufgabe, die Bache auf die Läufe zu bringen, zumindest munter zu machen, und Schooten sollte dann vorsichtig auf den Pulk zugehen, derweil die beiden Außentreiber den gleichen Weg zurück zu nehmen hatten. So hoffte der Jagdleiter, zwei oder drei Frischlinge von der Bache zu trennen.

Ein Weilchen nach dem Anblasen hörte ich die beiden Treiber auf mich zukommen. Auf meinen Wink hin machten sie kehrt, um langsam zurück zu gehen. Kurze Zeit später fiel der erste Schuss, ein zweiter und noch einer. Neben mir schüttelten sich Fichtenzweige. Eine Sau huschte hervor mit dunklem Kamm und bräunlicher Schwarte. Der Frischling beschrieb einen Halbkreis um mich und wollte wieder in die Dickung zurück, hatte es dabei nicht einmal eilig. Im Schuss schob es die Sau vor, und am Dickungsrand rutschte sie zusammen.

Dann hörte ich ein leises »Hahn in Ruh!« Schon lugte mein Nachbar neugierig um die Ecke und winkte mir mit dem Hut zu, als ich auf die Randfichten zeigte. Kann es ein schöneres ›Weidmannsheil!‹ geben? Der Jagdleiter schmunzelte, sein Plan war aufgegangen, drei Frischlinge lagen auf der Schwarte. »Eng abstellen«, sagte er, »und überlegt durchgehen, nicht mit ›Huss‹ und ›Hoh‹! Dann klappt die Sache nicht nur beim Rotwild – auch bei den Sauen!«

Weiter ging's zum Stockdickicht. Richtiger Niederwald war es, derber Stockausschlag, ein paar Fichten, Grasnester und Wasserlöcher. Und das alles umgeben von hohem Holz. Ganz der richtige Ort für die Sauen. Dort hatten sie Ruhe und Schutz zu jeder Jahreszeit. Das kleine Sauenparadies ließ sich gut abstellen. Im Hochwald standen die Schützen. Vor allem sah man die Sauen, sollten sie wirklich kommen, schon von weitem anwechseln, konnte sich vorbereiten und dann ordentlich Dampf machen.

Kaum dass der Jagdleiter mit dem Horn den Beginn des Treibens verkündet hatte, fiel auch schon der erste Schuss. »Der wird Reineke gegolten haben«, dachte ich. Und wie ich so stand und auf die kahlen Sträucher vor mir schaute und Schwarzkittel an die eine und an die andere Stelle hinzauberte, kam Meister Rotrock durchs Gras auf mich zugeeilt. Das Fingern nach einer Schrotpatrone hielt er noch aus, das vorsichtige Öffnen der Flinte nicht mehr. Eine Kehrtwendung – und fort war das Schelmengesicht!

Mit einem Mal ging mir gegenüber eine regelrechte Brenneke-Kanonade los. Doppelschuss folgte auf Doppelschuss. »Also ging diesmal der Plan nicht auf, haben die Sauen gemeinsam das Weite gesucht. Der Jagdleiter wird den Hut nach vorn schieben und den Schwarzkitteln ein ›saumäßiges‹ Verhalten vorwerfen«, überlegte ich.

Was hätte Bert Brecht, der listige Augsburger, dazu gesagt: »Ja mach' nur einen Plan und sei ein großes Licht, und mach' noch einen zweiten Plan – geh'n tun sie beide nicht!«

Am Sammelplatz dann großes Palaver. Obertreiber Schooten fuchtelte mit den Armen: »Plötzlich stand ich vor den Schwarzen, sie schnüffelten im Gras herum, hoben alte Stubben aus. Als sie mich auf die paar Meter wegbekamen, schnaubten und bliesen sie und dann – auf und davon!« Die Schützen waren förmlich überrascht worden von der großen schwarzen Bande, die auf sie zukam. »Zwischen uns ging alles durch. Zum Glück hatten einige Überläufer den Anschluss verpasst, denen machten wir dann Dampf!« erzählten noch in voller Aufregung Arno und Hannes. Jagdleiter Bele rückte seinen Hut zurecht, das hieß, er war nicht ganz unzufrieden, denn die Beiden hatten mit ihren Doppelschüssen drei Überläufer zur Strecke gebracht.

Nun hofften alle, die noch nicht zu Schuss gekommen waren, aufs Erlenholz. Erlenholz stand für ein gemischtes Waldstück, für alten Bruchwald, umgeben von einer Fichtendickung, die wiederum eingeschlossen war von Stockwuchs und halb hohem Laub- und Nadelhölzern mit Unterwuchs – ein Schwarzwildruheplatz, wie er im Buche steht. Nur einen Nachteil besaß dieser urig anmutende Flecken: das große Waldstück ließ sich schlecht abstellen. Schmale Wege begrenzten den beliebten Saueneinstand, und das benachbarte Waldstück gewährte nur wenig Sicht. Es mussten also sichere Wechsel abgestellt werden und die Jäger ihre Flintenlaufgeschosse regelrecht hinwerfen, oder – wer nicht zurecht kam – es bleiben lassen, sich mit Zuschauen begnügen. Da der Jagdleiter seine »Pappenheimer« kannte, stellte er die Jäger mit nicht ganz sicherer Hand an »aussichtsreiche« Nebenwechsel.

Mir fiel einer der Außenposten zu. Die Seite zum Feld blieb offen, von dort her ging der Obertreiber aufs Zentrum zu. Ich stand und stand in der kalten, wunderweißen Welt, und kein Wild und kein Schuss. Dann wurde mir gegenüber endlich angebrannt,

dumpf klangen die Schüsse. Hier blieb nach wie vor alles still.
»Diesmal stehst du auf verlorenem Posten, holst dir nur kalte
Füße«, murmelte ich halblaut vor mich hin. Eine andere innere
Stimme meldete sich: »Inmitten von prächtigem Winterwald und
jagdlicher Atmosphäre, fern von allem Straßenlärm – ist da nicht
schon Glück genug?«

Da wurde es vor mir plötzlich lebendig. Die erste Sau, schwarz
wie die Nacht, stiebte durch den Schnee und über die schmale
Schneise, die zweite folgte fast ohne Abstand. Das ging zu rasch
für mich. Die Flinte halb im Anschlag, sah ich den dritten
Schwarzkittel heran huschen. Wie er am Weg auftauchte, fasste
ich zu, zog mit und riss Funken.

Vorbei der Spuk. Ich wartete, bis mein Nachbarschütze mich
abrief. Mit gemischten Gefühlen ging ich zum Anschuss und fand
neben der Fährte eine abgeschossene, daumenstarke Haselnuss-
gerte. »Gefehlt«, war mein erster Gedanke, »zu spät den Finger
gekrümmt, so ein Pech aber auch!« Ein paar Meter folgte ich dem
Fluchtweg, denn ein Funken Hoffnung bleibt ja bis zuletzt. Doch
keine Zeichen, nur die Fluchtbahn im flauschigen Schnee.

»Vielleicht habe ich Schweißspritzer übersehen?« kam es mir in
den Sinn. Weiter ging das Suchen. Da sah ich die ersten Schweißtropfen im Schnee – und da lag die Sau – nein – im Schnee hinter
einem Haselstrauch steckte sie. Wie ich zurück zum Anschuss
blickte, kam Schooten aus der Dickung: »Habe ich's nicht gesagt – Sauen über Sauen! Allen habe ich welche zugeteilt. Aber
die da drüben, die Schlumpschützen, haben alle daneben gefunkt.
Und warum hast du nicht mehr geschossen?«

»Die beiden ersten überraschten mich, kamen zu schnell über
die schmale Schneise«, antwortete ich. »Zu schnell, zu schnell –
soll ich den Schwarzen in der Dickung noch beibringen, wie
schnell sie denn sein dürfen für die Herren Schützen?« Wir lachten – und wir lachten noch am Streckenplatz, denn dort legte
Schooten erst richtig los!

Was den Schuss und den Haselstock angeht: das Flintenlaufgeschoss schnitt auf dreißig Schritt den Haselstock ab, durchschlug danach die Wand der Altbache, fasste das Herz und verfing sich dann im Wildkörper. Der Saubart, den ich mir rupfte und der noch heute lebt, hält die Erinnerung an die Haselnuss-Sau wach, an die Jagd mit Obertreiber Schooten und an das prächtige Winterwetter.

Adventsstimmung

Mit Regen und Sturm trotzte der Spätherbst zwei volle Tage und eine Nacht, dann schlich er sich im bleigrauen Gewand ermattet davon. Erlösende Stille kehrte ein, doch mit ihr ein Hauch von Schneeluft, eine Ahnung vom Winter. Als der Morgen heraufdämmerte, lag ein weißer, flaumiger Teppich über Feld und Wald. Bis in den Nachmittag hinein fielen vom dünn bezogenen Himmel große, bauschige Flocken – spannhoch wuchs bis zum Abend der erste Schnee. Genug um schön, ja gerade das Rechte für den Jäger zu sein. Adventsstimmung war eingekehrt. Schnee in der vorweihnachtlichen Zeit zaubert in die Seele des Jägers andere Bilder als Märzenschnee.

Dem Januarschnee haftet noch etwas Nachklang an, und der Reiz großer wie kleiner Saujagden und stiller Fuchsdrücken schafft helle Freude. Die Winterfluren im Februar haben für den Jäger bereits ein anderes Gesicht. Der Frühling schimmert durch und gewinnt an Gestalt – die Hirsche werfen ab, die Böcke schieben ihr Gehörn, die Lagerschnepfen werden munter und die Hasen feiern Hochzeit. Der Jäger steht im Banne des neuen Jahres, das kräftig ausschreitet.

Obwohl ich mir zusammenreimen kann, wo in den kommenden Nächten die Sauen mit Sicherheit anzutreffen sein werden, will ich am folgenden Morgen zunächst abfährten, um meine Vermutung bestätigt zu finden, eigentlich um den Vorgenuss des Jagens zu erhöhen, um die feinen Saiten im Herzen des Jägers zum Klingen zu bringen. Vergleichbar ist das spannungsreiche Suchen nach Fährten und Spuren im Schnee mit einem vertonten Gedicht. Nicht das Lesen allein beglückt, erst die Musik entlockt ihm den ganzen Reichtum.

Die Schwarzkittel sind gewöhnlich die ersten, die sich bewegen. Und nach den voraus gegangenen Hungertagen, so vermute ich, steckt auch der Fuchs nicht über die Zeit im Bau. Rehwild wird erst zu später Stunden zu fährten sein, und Rotwild hält sich mit dem Wechseln nach dem ersten Schnee am längsten zurück.

So zeigte sich's auch an jenem Tag, von dem hier die Rede sein soll. An meinem Lieblingsplatz im Kleinen Modderbusch hatte Schwarzwild ausgiebig gebrochen. Zu später Stunde muss es gewesen sein, denn ohne viele Umwege zu machen, hatten sich mehrere Bachen mit ihren Frischlingen ganz in der Nähe wieder eingeschoben. So rechnete ich mit ihrem erneuten Kommen schon beizeiten. Daran war nicht zu zweifeln. Auf dem Nachhauseweg stolperte ich über noch frische Rehfährten, doch von einer Fuchsschnur war weit und breit nichts zu sehen. Seinen Beutegang schien Reineke in einen anderen Revierteil verlegt zu haben, oder er behielt ihn sich für spätere Stunden vor.

»Das Schelmengesicht möge beizeiten ausschnüren«, hoffe ich nun und bin bereits zu früher Nachmittagsstunde wieder im Revier. Bei wohliger Frische, warm eingehüllt, den Drilling quer über dem Schoß, sitze ich hinter einer jungen Eiche im Kleinen Modderbusch, einem Ort so recht nach meinem Geschmack. Vor mir ein Alteichenhorst mit reichlich Unterwuchs und einzelnen Fichten, dahinter Kiefern und in schräger Blickrichtung Erlenwuchs auf morastigem Grund. Ein Platz zum Wohlfühlen, zum

Erleben und Erinnern, kurzum eine Oase zum Ausruhen. Bäume und Sträucher tragen eine leichte weiße Last. Kein Hauch, kein Laut – Geisterstille. Eine Schwarzdrossel kommt angeflattert, hüpft ängstlich im alten Falllaub umher und macht sich wieder davon. In der Eiche vor mir huscht ein Eichkater über die Äste. Ich schaue ihm nach, und wie er sich in den Kiefern verliert, tragen mich auf leichten Schwingen die Gedanken fort …

Wie viele Jägergenerationen mögen hier zu Anblick und Erfolg gekommen sein: Auf den Fuchs mit Vorderlader und schwarzer Rauchwolke nach dem Schuss gepasst, dem fortholzenden Gelbkehlchen aus damastenem Lauf die selbst gefüllte Ladung nachgeschickt, auf die zottige Sau die schwere Büchsflinte gerichtet oder in der gewehrlosen Nachkriegszeit mit dem Spazierstock vor der Rotte gestanden haben?

Ja, die Spazierstockzeit – dem gedankenlosen ehemaligen Treibjagdschützen bot sie nichts, dem bis ins Herz passionierten Weidmann gab sie viel. So hielt es Großvater am Vortag zum 1. Advent: »Wenn uns schon Hahn in Ruh! verordnet ist, dann wollen wir wenigstens die Mümmelmänner laufen sehen«, gab er mir zu verstehen. Und ich durfte, nein ich musste diesmal dabei sein. Das führte am Tag vor unserer Unternehmung in der Schule zu völliger Unaufmerksamkeit. An Hasen dachte ich und immer wieder an Hasen, die in meiner Phantasie spielten, hörte nur mit halbem Ohr auf das, was der Lehrer uns Schülern beibringen wollte. Das ging so fort, bis wir uns auf den Weg ins Reich der Hasen machten.

Am Dittersbacher Pfarrteich holte uns Flockenwirbel ein, den Weg zur Schönen Höhe liefen wir wie Schneemänner. Doch Großvater war guter Laune. Als wir übers Horn den vier Linden zugingen, erklärte er mir, dass das Gestöber bald vorüber wäre, die Hasen deshalb gut halten, und wir sie dann ganz nah laufen sähen. An Friedrichs Ruh' – so nennen die Elbersdorfer diese Stelle mit den vier Linden – angekommen, taumelten nur noch

wenige Flocken zu Boden. Vor uns lag ausgebreitet das Porschen-
dorfer Feld. Die wellige Flur – hier und da Bäume und kleine
Hecken eingestreut – steigt vom Dorf her mählich zum bewaldeten Kohlberg hin. An blauklaren Tagen eröffnet sich von hier ein
weiter Blick von der Burg Stolpen über den nahen Breiten Stein
und Kuhberg bis hinein ins Böhmische zum Hohen Schneeberg.

Dieser Ausruheplatz schien der eigentliche Ausgangspunkt
unserer Unternehmung zu sein. Hier entwarf Großvater zunächst
für mich seine Erinnerungen an vergangene große Jagden, wie die
vorweihnachtlichen Kesseltreiben genannt wurden. Jägeroriginale
wurden lebendig, Strecke reihte sich an Strecke. Eine vergangene
Jägerwelt wurde für Großvater wieder lebendig. Und ich war
geduldiger und begieriger Zuhörer, nahm Flintenknall wahr und
sah Hasen rollieren – so spannend erzählte Großvater.

Dann kehrte Großvater wieder zur Gegenwart zurück und
erklärte mir seinen Plan, als ob ich die versammelte Jagdgesell-
schaft sei: »Wir nehmen ein paar Sturzäcker, zwei, drei alte Klee-
brachen, dann den der ehemaligen Ziegelei vorgeschobenen Hang
und zum Dorf hin die eine oder andere liegen gebliebene Stoppel.« Nach dieser jagdstrategischen Entscheidung marschierten
wir los, guten Abstand voneinander haltend. Kaum dass unsere
Füße den ersten Sturzacker betraten, fuhr auch schon Mümmelmann Nummer eins aus der Sasse. Großvater nahm den Spazierstock hoch, schwenkte ihn in Richtung Hase und rief mir zu:
»Der hätte Kopfstand gemacht, wäre rolliert!« Bald danach
rutschte Langohr Nummer zwei aus seinem Lager, und so ging es
munter fort. Ich hatte meine Freude daran, wie die Löffelmänner
aufsprangen, wie sie über den Schnee sausten, sich mit langen
Sätzen auf und davon machten. Mitunter verlangsamten sie in
respektvoller Entfernung ihr Tempo, hielten inne, richteten sich
auf und hoppelten dann, nachdem sie ihre Sachlage als ungefährlich einzuschätzen schienen, gemächlich ihrer Zweitsasse zu, oder
kamen bogenschlagend wieder in unsere Nähe.

26

Doch dann wurde aus vergnüglicher Hasenschau ernsthafter, jagdpraktischer Unterricht. Großvater lief hinter mir und dirigierte meinen Wanderstock. Stand ein Krummer auf, rief er: »Gewehr hoch – Hasen fassen – mitgehen – vorschwingen – abdrücken – gefehlt!« – usw., usw. Um meine Lust hoch zu halten, ließ er den kleinen Spazierstock auch ab und zu einen Hasen treffen. Dieses Spiel brachte uns dem Dorf näher. Als wir die Straße erreichten, begann es zu dämmern. In gemütlicher Bauernstube im Hause des alten Jagdvorstehers hielten wir bei dampfendem Hauskaffee und Adventsstrudel Schüsseltreiben, erzählten von der Strecke und Großvater ernannte mich zum »angehenden Jäger« …

Macht sich dort an der Eiche nicht etwas Dunkles zu schaffen? Schon huscht es über den Weg, ein langes Etwas, ein Marder. Zu spät hab ich ihn bemerkt. Sicher ein Gelbkehlchen, das den Eichhörnchen nachspürt. Knackt in den Kiefern nicht ganz leise ein Ästchen? Springt gar der Marder zurück oder schnürt der Fuchs aus? Da wieder, aber an anderer Stelle. Kein Zweifel: Rotwild, wohl Tiere mit Kälbern auf dem Weg zur Äsung. Sie mochten, vom Schnee überrascht, sich in der Fichten- und Kiefernjugend oberhalb des Modderbusches aufgehalten haben und nach ausgiebigem Stillstehen und Abwarten jetzt den leeren Pansen füllen wollen. Aber da steht doch auf dem Eichenweg wie hingezaubert ein Stück Rotwild, ein Hirsch, tupft mit dem Äser im Schnee, schlägt mit dem Vorderlauf im Laub herum und wendet in die Dickung zurück. Was für ein Anblick! Kein vorwitziges Hirschlein, ein ganz starker, ein Recke, verspürte Lust auf ein paar Schritte ins Freie. Wenig später höre ich ihn dem Rudel nachziehen.

Geweihte sorgen immer für rasches Blut, mag der Jäger hirschgerecht sein oder nicht, jung an Jahren oder schon älter. Richtiges Hirschfieber verwirrt die Sinne. Es kann sich ganz sacht einschleichen, doch auch jäh vom Jäger Besitz ergreifen. So erging es mir, regelrecht ins Hirschfieber hineingeworfen wurde ich …

Der Winter kündigte sich wenige Tage vor Weihnachten mit einer ordentlichen Portion nassen Schnees an, und im Markersbacher Revier, in der Sächsischen Schweiz, sollte auf Rotwild gedrückt werden. Am lang ersehnten ersten Ferientag begleitete ich Großvater dorthin in die Welt der Hirsche. Nur eine Handvoll Revierkundiger ging die Einstände durch, und so konnte ich gewehrloser Teilhaber der Schützenstände meines Großvaters sein. Der erste Trieb war leer, es blieb mucksmäuschenstill. Als Resultat des zweiten Triebes lag ein Bock auf der Decke, den mehrere Jäger beschossen hatten, und der dementsprechend aussah.

Im dritten Treiben gehörte uns der Rückwechsel, genügend entfernt von der Dickung inmitten eines alten Hochwaldes, dem sich Fichtenjungwuchs anschloss. Der separate Platz mag Großvater kurzerhand auf den Gedanken gebracht haben, mir probeweise die 16er Doppelflinte in die Hände zu drücken. »Das Wild wird langsam gezogen kommen«, flüsterte er mir zu, »verhofft es, halte aufs zweite oder dritte Stück, aufs Kalb oder Schmaltier.« Die unerwartete Situation, in die mich Großvater plötzlich gebracht hatte – vom ahnungslosen Zuschauer zur handelnden Person – beschleunigte mein inneres Jagdbarometer.

So sehr ich mir noch vor Minuten gewünscht hatte, dass das Rotwild nun endlich aus der Dickung trollen möchte, so sehr hoffte ich angesichts der Flinte in meinen jugendlichen Händen, dass es hier nicht erscheinen möge, und wenn schon, dann gefälligst außer Schussentfernung. Ich kam mir vor wie in der Probeschussszene im Freischütz. Sollte gar Agathe oder das mir viel liebere Ännchen auf mich warten?

Eine alte Fichte schützte uns vor eventuell auftauchenden Rotwildhäuptern und einzelne Schneeflocken, die mählich niederfielen, vervollständigten die Tarnung. Ein Weilchen starrte ich wie gebannt in Richtung Dickung. Doch da sich nichts zeigte, begann ich mich wieder zu beruhigen, löste sich die Spannung und meine

Hirschgedanken zerflossen angesichts des stillen Winterwaldes in weihnachtlicher Vorfreude. Ich dachte gerade an die Christvesper in der Dresdner Kreuzkirche, da bekam ich einen leichten Stoß und das magische Wort ›Hirsche‹ zugeflüstert. An der Dickung hatten sie Aufstellung genommen – vier dunkle Gestalten. Ihr unverhofftes Erscheinen löste bei mir neues, schüttelfrostähnliches Jagdfieber aus, so dass sich die Hirsche in Wackelfiguren verwandelten. Großvater indes stand stockstill und blieb stumm. Jetzt setzten sich die Geweihten in Bewegung, schritten ganz bedächtig auf uns zu und dann seitwärts in Richtung der bereits erwähnten Fichtenjugend. Nur gut, dass kein Zeichen zum Schießen kam, es musste sich um Zukunftshirsche handeln. Doch als sich der vierte Hirsch auf unserer Höhe befand, bedeutete mir Großvater: »Entsichern, langsam die Flinte hochnehmen, dabei drehen und auf den letzten Geweihten Dampf machen.« Wie das zitternde Rohr den Hirsch endlich erreicht hatte, tanzte er als verschwommene Gestalt auf und nieder. Bald war ich mit den Flintenläufen über ihm, bald vor ihm, bald unter ihm, bis er wie ein Traumwesen verschwand. Dann war ich erlöst. Kein Wort fiel, Großvater schmunzelte nur. Am Sammelplatz erkundigte man sich nach den vier Hirschen auch bei Großvater. »Hirsche bei uns?« er schüttelte erstaunt den Kopf. Dabei schaute er mich an, als ob gerade bei mir die Bestätigung seiner Worte zu suchen wäre und erweiterte seine Antwort: »Weder Hirsch noch Reh, weder Fuchs noch Hase. Doch ja – da standen Fährten im Schnee, ganz in der Nähe von unserem Platz. Sie könnten von den Gesuchten stammen.« Damals, noch ganz im Banne der Hirsche, war mir nicht gerade wohl zumute bei der so deutlich ausgesprochenen Notlüge. Heute erscheint sie mir in einem freundlichen, milden Licht …

Jetzt lässt ein kräftiges Brechen von Ästen mich auffahren – die Sauen. Ganz still müssen sie im lockeren Schnee durch die Dickung gezogen sein, nun machen sie sich in den Erlensuhlen zu schaffen. Es planscht und patscht. Nach dem ersten Schnee halten sie ausgiebig Waschtag. Wohin werden die Sauen sich nach dem Schlammbad wenden? Meinem nach Eicheln duftenden Vorfeld zu oder geradewegs ins Feld? Plötzlich Ruhe in den Suhlen – das ist das Zeichen, den Drilling in die Hand zu nehmen, jeden Augenblick können sie auftauchen. Und da schiebt sich auch schon ein großer, schwarzer Klumpen ganz bedächtig in das Eichelreservoir. Im Zielfernrohr sehe ich, wie die grobe Sau, sicher eine der Bachen, mit dem Wurf im schneebedeckten Laub herumzustochern beginnt. Nun quirlen auch die Frischlinge heran, dass es nur so raschelt. In eine etwas abseits stehende, hellere Sau tastet sich der Zielstachel … Im dumpfen Knall sprengt die Rotte wie die wilde Jagd durch Falllaub und Erlenbruch der Hangdickung zu. Dort verhoffen sie, und die Bachen schnauben abwechselnd ob der Störung. Ich höre sie noch ein Stück durchs Dürrholz forttrollen, dann kehrt wieder Stille ein. Mit dem Schuss und dem Frischling im Schnee verdämmert die eben noch so frische Erinnerung, erlischt die Erwartung – alles ist ganz Gegenwart.

Stimmen der Stille

Nachdem ich das letzte Anwesen hinter mir gelassen und den ersten Waldstreifen im Feld erreicht hatte, tat sich eine andere Welt auf. Wie unberührtes Märchenland mit vielen Geheimnissen lag sie vor mir, die Saaler Boddenlandschaft. Der Raufrostzauber und die Stimmen der Stille lockten mich, die den Jäger in knisternde Spannung versetzen. Augenblicke, die die wertvollsten sind bei der Jagd: wenn Reineke auf unsichtbarem Pfad daher geschnürt

kommt, leise, doch hörbar fürs Jägerohr. Oder wenn Mümmelmann im Abenddämmern seine Sasse verlässt, durchs Holz
buckelt und mit seinen Sprüngen Laub berührt, das raschelnd
nachgibt. Erwartungsvoll horcht der Jäger, ob sie näher kommen
und Gestalt annehmen oder sich verlieren – die Stimmen der
Stille.

Zur Kanzel am Saaler Bodden zog es mich. Dort wollte ich
Meister Lampe und Reineke abpassen. Den Ansitz an der kleinen
Boddenwiese liebte ich, wenn sich dieser Flecken Land mit der
Adlerkiefer von seiner schönsten Seite zeigte: wenn es im zeitigen
Frühjahr nach Moorwasser roch und die Schnepfen hin und her
gaukelten, zur Pfingstzeit das frische Grün in der Abendkühle
duftete, und der schon rote Bock aus dem Schilf trat, im Sommer
Mückenschwärme wie dunkle Wolken über dem Rohrplan hin-
gen, und Bock und Ricke keuchend ihr Spiel trieben, zur Herbst-
zeit die Enten klingelnd vorüber strichen, im Winter das Eis am
Ufer sich türmte …

Zu Füßen der Kanzel die schmale Wiese, davor das Boddenwasser, in der Ferne das Fischland, der Darß. Wie ich so meine Augen
auf der Wasserfläche und hin zum Horizont spielen ließ, tappte es
hinter mir im Schilf, Stängel raschelten. Dann wieder Stille. Und
wieder ein paar kurze Tritte im raufrostigen Schilf. Vorsichtig
wendete ich mich um, und da lugte das erste Reh bereits aus dem
Röhricht, gute zehn Schritte neben meiner Kanzel zur Waldzunge
hin, die in die Wiese ragt und sich bis zum Schilf hinzieht. Nun
stand sie ganz frei, die Ricke, hinter ihr das Kitz. Und schon troll-
ten sie der anderen Seite zu, verschwanden im Wald. Immer spitz
von hinten hatte ich beide Rehe, nichts für einen sauberen Schuss,
schon gar nicht aus der Flinte und über die Schiene.

Doch da stand ja noch ein Stück, ich hatte es nicht bemerkt, war
mit meinen Sinnen ganz bei der Ricke und ihrem Bockkitz. Das
einzelne Stück – Schmalreh oder Rehkitz – wollte den beiden folgen, zögerte inmitten der Wiese, verhoffte und äugte zum Schilf

zurück. Nicht ohne Grund, da raschelte etwas, mal lauter, mal leiser. Doch ich achtete nicht ernsthaft darauf, nahm meine 12er Flinte in die Hand und schob sie über die Kanzelbrüstung. Gerade in dem Augenblick stellte sich das Stück spitz und äugte und äugte zum Schilf, rührte sich nicht von der Stelle. Wenn es doch nur einen Schritt zur Seite ginge, dann könnte es passen. Doch nichts dergleichen. Die Sache im Schilf schien so interessant zu sein, dass es darüber das Weiterziehen vergaß. Dann wurde das Stück unruhig, machte eine Vierteldrehung. Das Flintenlaufgeschoss – ohne Leitwerk, nur mit Pfropfen –, das in der Doppelflinte steckte, hieß »Korhaan«. Die rote Hülse zeigte aufgedruckt so etwas Ähnliches wie einen Trapphahn. Auf kurze Entfernung traf man auch mit dieser Brenneke und war zufrieden, denn Besseres war damals unerreichbar. Diesmal ging es gut, das Schmalreh lag im Feuer.

Nach dem Schuss schlurfte das Stück, nach dem das Schmalreh so aufmerksam gesichert hatte, ins Rohrdickicht zurück. Ja, das hörte sich doch nicht an wie ein Reh, vielmehr wie eine Sau, die keine Eile kennt. Hätte ich nur gewartet, genauer hin gehorcht, anstatt das Reh im Auge zu behalten! Aber so ist die Jagd, so wird sie bleiben. Ich holte tief Luft und entschied mich, trotz kalter Füße weiter auszuharren. Warum sollte ich den Ansitz zur besten Stunde aufgeben?

Über dem Fischland neigte sich die bleiche Sonne. Blaugrau dämmerte der Abend herauf, kein Windhauch störte die Andacht in der Einsamkeit, die nur der Jäger kennt, wenn er Wild erwartet. Hörte sich's in der Waldzunge nicht nach Hasenhoppler an? Ganz deutlich war's jetzt zu vernehmen: tapp, tapp – tapp, tapp – Pause. Jetzt sicherte Mümmelmann – dann wieder zwei Sprünge und noch ein Hopser. Ich griff nach der Flinte und suchte mit den Augen die kurze Waldkante ab, der Hase musste jeden Moment auftauchen. Doch die Wiesenkante blieb leer, und das Hoppeln verlor sich. Meister Lampe rückte auf der anderen Seite aus zur großen Boddenwiese hin oder durch den Wald ins offene Feld. Einem alten Buschhasen ist viel Weg zuzutrauen.

Ein paar Minuten wollte ich noch zugeben und dann abbaumen. Zuletzt noch ein Blick zum Bodden und die Schilfkante entlang. Da bewegte sich doch etwas – ein Reh – nein, ein Hase – kaum möglich. Meister Rotrock huschte heraus und schnürte eilig über die Wiese, zu weit für die Schrote. »Wart' nur«, dachte ich, »vielleicht morgen schon kommst du in meine Nähe, der Aufbruch wird dich locken!« Dann kletterte ich von der Kanzel, kümmerte mich um das Reh und machte mich auf den Weg ins Forsthaus Steinort. Nur ein Schmalreh? – Keine Sau, kein Hase, kein Fuchs …

Die Stimmen der Stille, der Blick zur Adlerkiefer übers Boddenwasser zum Fischland, zum Darß – ist das nicht schon Glück genug?

Nach einer Neuen

Es ging auf den dritten Advent zu, Schnee fiel in großen Flocken, wie von Zauberhand bestimmt bekamen Wald und Feld ihr vorweihnachtliches Antlitz. Grad' das Rechte für den Jäger, der das Saudrücken nach einer Neuen liebt. Erster Schnee, dann eine Neue und nach Schwarzkitteln spüren – was hat die Welt da im Augenblick mehr für den Jäger zu bieten? Auf Schritt und Tritt verhaltene Spannung, bis die Neugier gestillt ist, bis sich's erfüllt, was man zu sehen wünscht: Saufährten vom Feld ins Holz oder von Dickung zu Dickung. Hat man sie erst fest, die schwarzen Raubeine, dann ist der Jäger so richtig Jäger, dann fesseln ihn im

Augenblick nur die Schwarzröcke, dann spürt er in seinem Innersten etwas von dem, was wir Glück nennen ...

Schneeluft empfing mich am Morgen, und über dem Haselholz, einem Dickungsgemisch aus mehr Busch denn Kultur, lag Schneestille. Diesen Ort liebten die Sauen über alles. Es war so etwas wie ein Kreuzungspunkt der Wechsel, eine Oase, die bei der Reise vom und zum Feld, selbst wenn sie mit Umwegen verbunden sein sollte, selten ausgelassen wurde. Hier machten die Schwarzkittel Halt, um ein Schlammbad zu nehmen, sich Appetit zu holen, oder in den Graskaupen ihren ersten Hunger zu stillen. Oder sich nur die Läufe zu vertreten, um ja nicht zu früh in der schutzlosen Öffentlichkeit zu erscheinen. Jeder, der Schwarzwild im Revier hat, kennt solche Flecken, ihnen gilt stets große Aufmerksamkeit. Aber es gab auch Zeiten, da blieben die Schwarzkittel dort den lieben, langen Tag, schlugen im Gestrüpp ihr Quartier auf. So verschieden sind nun mal die Gewohnheiten der Sauen. Von dieser Lust und Laune muss sich der Jäger seinen Vers machen. Und wie geht das besser als nach einer Neuen?

Stück für Stück lief ich das Haselholz ab, erst langsam, dann immer rascher, denn nichts ereignete sich, unberührt lag die Neue. Die Querseite zum nahen Feld blieb mir noch. Wie ich nicht ganz achtsam drauf zu ging, mehr nach vorn schaute, als den Blick auf den Boden zu heften, stockte mir der Atem – eine Sau. Hellwach wurde ich und sah durchs hohe Holz, mal verdeckt, dann wieder frei, Schwarzkittel der Dickung zutrollen. Zwei Bachen vorweg, groß und pechschwarz, dann die Frischlinge, mehr braun als schwarz. Vorbei der Spuk, die Dickung nahm sie in ihren Schutz. Ein Weilchen stand ich noch wie gebannt, wartete ab, ob noch eine Nachhut folgen würde. Doch es blieb bei der Rotte, keine Nachzügler, kein Keiler, der den Bachen auf dem Fuß folgte.

»Nun aber los ...«, murmelte ich vor mich hin, umschlug rasch im weiten Bogen den Einstand und ließ die Sauen in der Dickung zurück. Sie hatten Quartier bezogen, steckten sozusagen in einer offenen Falle. Das Jägerherz frohlockte, ich hatte sie fest. Zu überlegen gab's da nicht viel, schnell war der Plan gefasst: den Sauen Zeit zum Einkesseln geben – erst einmal zur Ruhe gekommen, halten sie länger aus, machen sich beim Näherkommen der Treiber oder Hunde nicht sogleich aus dem Staub – und sie dann am Nachmittag mit den Terriern im Kessel überraschen. Meine Freunde Fred und Curt, beide schossen eine saubere Flinte – nicht nur mit Schrot, auch mit der Brenneke – warteten auf einen Wink von mir, um dann mit Gustel und Hexe an verabredeter Stelle zu sein.

Mit erwartungsvoller Fröhlichkeit machten wir uns auf den Weg zu den Sauen, die hoffentlich noch steckten, nicht zur Mittagszeit weiter gezogen waren. Fred stiefelte mit Hexe im Arm Richtung Einwechsel, die bedächtige Hündin sollte den Finder spielen. Curt bezog mit Gustel ihm gegenüber nahe der anderen Dickungsseite seinen Platz. Gab Hexe an den Sauen Laut, durfte Gustel angreifen. Die Querseite zum Inneren des Waldes hin nahm ich in meine Obhut. Die vierte Seite, die unmittelbar ans Feld grenzte, blieb unbesetzt.

Verflogen ist unsere erwartungsvolle Fröhlichkeit, jeder nimmt seinen Teil still für sich mit, hängt seiner jagdlichen Stimmung nach, niemand stört ihn dabei. Graublau das Winterlicht, kein Windhauch streicht über Baum und Strauch – alles liegt still unterm Schnee. Drinnen im Dornengestrüpp stecken die Sauen. Bald wird die wilde Jagd losgehen. Minuten voller Ungewissheit, Zeit, die Jagd zur Jagd werden lässt.

Da hört sich's an wie dumpfes Hundegeläut. Hexe ist an den Sauen, denke ich. Gleich wird der Tanz beginnen, wenn Gustel, der kleine schwarze Teufel, dazwischen fährt. Jetzt dumpfe Laute an zwei Stellen – gleich müssen die Sauen auftauchen, schussfertig umfasse ich die Flinte. Plötzlich ein Schuss – ein zweiter! Fred hat's gepackt, glaube ich und schiebe die Sicherung zurück. Doch halt! Wieder Hundegeläut ganz in der Nähe. Gebannt starre ich auf den Dickungsrand und sehe, wie aus dem Weiß heraus dunkle, niedrige Gestalten auftauchen, geradewegs auf mich zuhasten, plötzlich die Richtung ändern und in voller Fahrt seitwärts an mir vorüber flüchten. Von der Rotte versprengte Frischlinge sind's, groß macht sie der Schnee. Längst habe ich sie über der Schiene, nehme den letzten und fasse zu – rechter Lauf – linker Lauf – und fort sind die schwarzbraunen Kerle. Wieder gibt einer der Hunde Laut. Ein Frischling hastet durchs Holz, zu weit für meine Flintenrohre. Dann hallt es dumpf zu mir herüber – einmal, zweimal. Fred hat wieder Dampf gemacht und bestimmt nicht umsonst.

Ein langgezogener Ruf aus dem kleinen Horn – Schlusspunkt des Treibens und für mich das Signal nachzuschauen, ob die Brenneke ihr Ziel erreichten. Zwanzig Schritte messe ich ab – finde Schweißtropfen im Schnee rechts und links der Fährte – getroffen! Arbeit für Hexe oder Gustel? Gewohnheitsmäßig gehe ich ein paar Schritte zurück, um die Fährten nicht zu vertreten und folge mit den Augen dem Fluchtweg – da entdecke ich den Frischling. In seinen letzten Zügen war er wohl über einen Ast

gestolpert, denn er lag quer zur Fluchtrichtung in einer Boden-
senke.

Als wir Drei dann am Feuer standen, herrschte nach so viel
Gespanntheit wieder helle Freude. Vier Frischlinge lagen vor uns,
und Hexe und Gustel zitterten noch vor Aufregung, tänzelten
von einem zum anderen, holten sich ihre Liebkosungen ab.

Guter Hund macht gute Jagd! Ja, so wird es immer sein.

Ins Netz gesprengt

Für die ganz Passionierten unter den Terrier- und Teckelleuten ist
die Baujagd die eigentliche Jagd für ihre Raubeine, gehört das
Fuchssprengen im Herbst und Winter zum Besten, was für sie die
Jagd zu bieten hat. Da sind die Vierbeiner, die Schlieferle, in heller
Aufregung und die Jäger nicht minder, wenn es mit Sack und
Pack, mit Hacke und Spaten ins Revier geht.

Doch nicht nur jagdliche Freuden bescheren Baujagdtage, die
Erdjagd ist auch mit bangen Minuten verbunden, wenn sich der
Hals des Hundes in den Röhren verliert und an den Ausfahrten
weder Fuchs noch Hund erscheinen. Taucht dann nach langem
Warten der kleine Kerl in der Röhre auf und schüttelt sich an der
Ausfahrt den Sand aus den Haaren, ist man erlöst wie nach einem
bösen Albtraum und vergisst für Minuten den Fuchs, dem das
alles gegolten hat.

Fuchssprengen mit Erdhund und Flinte ist so geläufig wie
selbstverständlich. Da geht man leise zu Werke, stellt den Bau mit
zwei, drei Schützen weit genug von den Röhren ab und überlässt
alles weitere dem Hund. Fegt er wie ein Wilder in die eine oder
andere Röhre, so kann man sicher sein, dass Reineke steckt, und

die Schützen auf der Hut sein müssen. Leistet der Hund unter Tage ganze Arbeit, kann augenblicklich der Rotrock auftauchen. Mitunter suchen auch zwei oder drei Füchse schleunigst das Weite.

Doch es kann auch seine Zeit dauern. Da wartet man und wartet, Unachtsamkeit schleicht sich ein und – just in dem Moment, springt der Fuchs und kann seinen Balg retten. Stets aufmerksam und flink sein im Schießen, im schnellen Hinwerfen des Schusses, das sind die Tugenden beim Fuchssprengen. Streuselt der Hund am Bau umher und schlieft mehr aus Neugier in eine der Röhren ein, um sogleich den Kopf wieder heraus zu strecken, dann heißt das soviel wie »Keiner zu Hause in der Burg Malepartus«, also auf zum nächsten Bau!

Weniger bekannt, weil nicht mehr üblich, ist das Fuchssprengen mit Erdhund und Netzen. Es war ein Notbehelf mit all seinen Tücken zu einer Zeit, in der Flinten nicht in Jägerhänden sein durften. Die Unverdrossenen machten kurzerhand aus der Not eine alte Tugend und griffen zur Fuchshaube. Ein guter Quadratmeter Garn mit Bleikugeln an den vier Ecken wurde mit aller Vorsicht über die Röhre gelegt. In ihm sollte sich Meister Rotrock verfangen, was nicht immer gelang, denn meist roch der Schlauberger den Braten und zog es vor, im Inneren seiner Lagerstatt mit dem Hund zu streiten. Lag dann der Vierbeiner fest vor, hatte er also den Fuchs in die Enge getrieben, aus der es kein Zurück mehr gab, ging's ans Graben. Mitunter war so ein Einschlag mannstief, wenn der Bau schräg in den Hang verlief. Stunden konnten dann vergehen, ehe die Jäger das Schelmengesicht samt Hund zu Tage förderten. Gar nicht so selten ging bei solcher Erdarbeit der Tag drauf, manchmal wurde es sogar Nacht am Bau, wenn neben dem Fuchs noch ein Dachs in dem verzweigten Verlies steckte.

Sprang der Fuchs wie erhofft ins Netz, hieß es so rasch wie möglich dem rollenden und hopsenden Knäuel zuspringen. Die ganz Forschen unter den Baujägern schlugen nicht etwa auf den verstrickten Reineke ein, nein, sie fassten nach der Lunte und hielten den wütend keckernden Rotrock am ausgestreckten Arm. In dieser Haltung konnte er sich zwar krümmen, zum Zubeißen aber reichte es nicht. Mit dem so genannten ›Drosselschlag‹ wurde er in den Fuchshimmel befördert. Doch so ganz und gar gefahrlos wie es klingt, war eine solche Prozedur auch wieder nicht.

Wie so ein Fuchsgreifen endete, davon erzählte Großvater:

Zu viert machten wir uns zur Ranzzeit auf den Weg ins Fuchsrevier. Hundemann Curt aus Pirna mit seinen beiden rabiaten Terriern Axel und Gustel; Fred, der Altendorfer als Gastgeber; Schornsteinfeger Axel aus Bad Schandau, der als Unbeleckter in Sachen Baujagd gern dabei sein wollte, durfte den Rucksack mit Hacke, Beil und Spaten tragen, und ich, zuständig für die Netze, die Reineke zum Verhängnis werden sollten. Fred hatte sich das Liebengebiet in der Hinteren Sächsischen Schweiz – mehr Wald als Felsengebiet – ausgewählt und hoffte, uns seine Füchse vorführen zu können. Der Winter meinte es gut mit uns, unter einer dünnen Schneedecke nur leicht gefrorener Boden – grad' das Richtige für die Baujagd.

Wir streiften von Bau zu Bau, doch keiner von ihnen war befahren. Trotz Ranz schien die ganze Sippe in den Dickungen zu stecken, stellten wir sichtlich enttäuscht im Verlauf unserer Unternehmungen fest. Nach einer ausgiebigen Pause, die die Geister wieder belebte, riet Fred, Axel könne sich doch mal am nahen Felsenbau versuchen. Der Schlupfwinkel besteht nur aus einer Hauptröhre und einem Nebenausgang. Steckt der Fuchs, weicht er sicher dem Hund dorthin aus und springt.

Gesagt – getan! Wir vertrauten Freds Worten. Wenn schon kein großer – ein kleiner jagdlicher Erfolg sollte es doch werden. Zur Hauptröhre hin führten frische Spuren, und aus dem Balg geschüttelter Sand in der Nähe war nicht zu übersehen – alles gute Zeichen. Die Gesichter hellten sich auf, die Welt der Jäger geriet wieder ins Lot.

Das weitere, oft geübt, lief in aller Stille ab. Die Netze lagen über den Röhren, Axel war kaum noch im Arm zu halten und verschwand, als ihm Curt freien Lauf gab, wie ein Kobold im Bau. Wir Jäger standen unter gutem Wind an die Altfichten gelehnt, sahen in Gedanken schon Reineke im Garn zappeln. Doch im Bau schien nichts zu passieren, kein Lautgeben, kein Rumpeln. So standen wir, wagten uns nicht zu rühren, warfen uns nur Blicke zu.

Da – plötzlich kam Leben in die stumme Szene: im Netz über der Hauptröhre tauchte ein Fuchsfang auf, das halbe Gesicht, um sogleich wieder zu verschwinden. Kaum dass sich die Spannung gelegt hatte, wir uns mit Blicken auf weiteres Warten verständigten, riss der Fuchs in voller Fahrt das Netz von der Nebenröhre, kugelte den Hang hinab und blieb an Sträuchern hängen.

Fred, der Jüngste unter uns, setzte in großen Schritten nach und packte den Fuchs, doch schlecht – fasste wieder zu und erwischte ihn am Hinterlauf. Doch ehe er mit der anderen Hand die Lunte greifen konnte, wand sich Reineke herum, biss in Freds Unterarm und ließ nicht locker.

Das war der große Augenblick des Schornsteinfegers! Als er den Ernst der Sache erfasst hatte, rief er ganz energisch: »Vorige Woche hab ich im Kino einen russischen Film gesehen, sah, wie ein Jäger mit den Händen einem Wolf den Rachen aufriss. Ein Fuchs ist kein Wolf. Was der Jäger im Film konnte, das kann ich auch!« und eilte Fred zu Hilfe. Doch als er draufgängerisch zufasste, den Fang so mir nichts, dir nichts aufreißen wollte, ließ der Fuchs Freds Arm los und biss dafür den Essenkehrer in die Daumen, der daraufhin ganz entsetzlich aufschrie. Fred, jetzt befreit aus der misslichen Lage, zog das Jagdmesser aus der Tasche und erlöste seinen Retter, der nun selbst Gefangener war, aus den Fuchsfängen.

Blass vor Schreck streckte unser Feuerrüpel (wie wir ihn nannten) die Arme aus, schaute auf die blutenden Daumen, schien an ein Wunder zu glauben, drehte sich wie ein Tänzer im Kreise und rief: »Meine Daumen sind noch dran! Meine Daumen sind noch dran!« Zum Lachen war's, doch unsere Mienen blieben ernst. Der Schreck war uns allen in die Glieder gefahren. Später, als der ›Daumentanz‹ des Essenkehrers die Runde machte, war das Lachen, wenn die Sprache auf das Fuchserlebnis kam, auf unserer Seite.

Fuchsriegeln im Schilf

Das Wetter passte: windstill und trocken und wenige Grade unter Null. Grad' das Richtige für das Riegeln im Rohrplan am Saaler Bodden, dachte ich. Meinen Freund Ali brauchte ich nicht lange zu überreden, mir Schützenhilfe zu leisten. Gar zu gern klappte er seine Bücher zu, und auf ging's zur Kanzel auf der großen Boddenwiese. Dort machte ich ihn mit meinem Plan vertraut, wie er durchs Schilf zu gehen hatte, und wo ich Posten beziehen wollte. Um Reineke nicht Argwohn schöpfen zu lassen – er konnte ja an der Schilfkante zusammengerollt schlummern – musste ich im weiten Bogen die riesige Fuchsbehausung umschlagen, um auf die Seite zu gelangen, wo der Rohrplan an den Wald grenzt, die Pässe hinführen.

Dort zwischen Wald und Rohrdickicht verlief ein Hauptwechsel, den die Füchse zu den Boddenwiesen und zum Bodden selbst benutzten. Zu diesem, vom ständigen Begängnis breit ausgetretenen Hauptweg führten Pässe ins Schilf und zum angrenzenden Kiefernaltholz. Nun verlief diese Fuchspromenade nicht etwa gradlinig, auf der man Reineke schon auf hundert Gänge heranschnüren sehen konnte. Ein Stück ging's geradeaus, dann wieder in Schlängeln und weiter durch regelrechte Schilftunnel. Alles in allem eine ganz und gar unübersichtliche Fuchsstraße. Reineke deshalb auf den Wiesen abpassen zu wollen schied aus, denn dort gab es für den roten Schelm keinen Grund, so mir nichts, dir nichts ins Freie zu marschieren, wenn es drinnen verschwiegene Pfade gab.

Vorpass am Tage musste also immer zwischen Holz und Rohrplan stattfinden. Und dafür gab es nur heikle Plätze, Plätze mit wenig Schussfeld. Von jeder möglichen Stelle aus konnte man förmlich vom Fuchs überrascht werden. Deshalb hatte Riegeln nur an ganz stillen Tagen Sinn, wenn Reinekes Traben zu hören war. Doch auch dann war die Sache nicht ganz ohne. Eine kleine Unachtsamkeit, ein Abschweifen mit den Gedanken – und in eben diesem Augenblick taucht Reineke auf. Noch eh' man die Flinte in Anschlag bringt, macht er auf der Stelle kehrt und taucht im Schilf unter. Mehrmals schon winkte mir der rote Schelm mit der Lunte zu. Einmal war's der Fischadler, dem ich nachschaute, ein anderes Mal lenkten mich vorüberstreichende Enten ab.

Minuten schon stand ich, wurde ungeduldig – da – endlich der erwartete Pfiff. Ali, mein Freund, machte sich jetzt auf den Weg, und das hieß für mich: aufpassen, ganz Ohr sein! Von meinem Platz konnte ich um die zwanzig Schritt den Hauptpass entlang sehen bis zu einem Erdhügel, vor dem ein Querpass verlief vom Schilf zum Holz. Ich stand sozusagen vor einem Kreuzweg. Dass bei solch prächtigem Winterwetter der Fuchs nicht im Bau steckte, viel lieber im trockenen Rohr, war sicher. Es gab für Reineke genug Plätze zur Auswahl unter freiem Himmel. So hoffte ich dass, wenn nicht gleich drei oder gar vier Rotröcke, zumindest doch einer oder zwei den Weg in meine Nähe nehmen möchten. Bei dieser Überlegung schob ich die Sicherung vor. Und in diesem Augenblick huschte aus dem Schilf ein rotes Etwas wie ein Strich über den Hauptpass in den Wald – zu rasch für mich. Ein ganz

starker Altfuchs mochte es gewesen sein, der mir da durch die Lappen ging. »Nun aber aufgepasst, wenn hoffentlich Fuchs Nummer Zwei angetrabt kommt«, ermahnte ich mich.

Kein zweiter Fuchs folgte dem ersten auf der Spur, im Schilf blieb es still. Schon machte sich Ungeduld breit. Es dauerte und dauerte, bis ich leichte Schritte näherkommen hörte. Durch die Halme huschte ein rotes Ding, dann ein Verhoffen vor der freien Stelle – längst schaute ich über die Schiene ins Schelmengesicht. Wie Reineke zur Flucht ansetzte, krümmte ich den Finger und sah über der Schiene, wie er sich überschlug.

Mein Freund Ali musste sich jetzt auf der Höhe der Adlerkiefer befinden und auf mich zukommen, überlegte ich. Und jetzt müsste ein Fuchs von dorther geradewegs den Hauptpass ansteuern und in meine Richtung schnüren. Dann wären aller guten Dinge drei: erster Fuchs verpasst, zweiter getroffen, dritter Fuchs kommt sicher noch. Wie es so sein soll, schon erschien vor mir auf dem Hügel Reineke, verhoffte kurz und setzte an, auf mich zuzutraben. Gut fünfzehn Schritte, nicht weiter, stutzte er, doch zu spät, um zu wenden. Im Schuss rutschte er zusammen.

Als dann mein Gehilfe Ali erschien, hatte ich schon Strecke gelegt: einen guten Altfuchs mit hellem Latz, eine Fähe zudem und einen jungen Rüden. »Gut gemacht!«, rief ich ihm zu, doch er verzog keine Miene, schaute nicht nach den Füchsen sondern entgegnete erregt: »Ein weiteres Mal lasse ich mich auf solch gefährliche Dinge nicht ein. Mitten im Schilf stürmte ein großes, schwarzes Borstenvieh, ein Ungeheuer, auf mich los. Schau her, wie ich aussehe! Vor Schreck hab ich ein Modderloch nicht gesehen und brach durch. Lang hingelegt hat es mich!«

»Es wird kein Modderloch gewesen sein, ganz sicher war es das Lager der Sau, in das du hinein gestolpert bist. Das Borstenvieh hat sich vor dir erschrocken und eilig auf und davon gemacht!«, entgegnete ich lachend.

Tage später schoss Revierförster Meister auf der großen Boddenwiese ein Hauptschwein. Bestimmt wird es der Basse gewesen sein, der meinen Freund in tausend Schrecken versetzt hatte.

In voller Fahrt

Anfang Januar sollte ein letztes Kläpperchen stattfinden, sozusagen als Abschluss der Hasensaison und zugleich als jagdlicher Auftakt im neuen Jahr mit anschließendem Schüsseltreiben versteht sich. Großvater hoffte auf bestes Jagdwetter für die Streife im Helmsdorfer Feld, vertraute dem selbst erstellten Zwölf-Nächte-Kalender, aus dem er für Januar Schnee und Kälte heraus las. Doch vom vorausgesagten Wetter war über Silvester und Neujahr nichts zu spüren, recht frühlingshaft ging's zu. Großvater erinnerte sich, von väterlichen Freunden gehört zu haben, dass die Dresdner vor der Wende zum 20. Jahrhundert Silvester unter freiem Himmel in Gartenlokalen fröhlich begingen und zu Drei Königen im Schnee versanken.

Ähnliches Wetter gab es auch in jenem Jahr, von dem hier die Rede sein soll. Ganz leise schlich sich der Winter heran und griff fest zu mit Schnee und Kälte. Großvaters Stimmung stieg, denn Hasenjagden bei leichtem Schnee liebte er über alles, sie gehörten zu den jagdlichen Feiertagen. Wer will schon Sauwetter beim Hasenklappern, mit Lehmbrei an den Stiefeln, mit Nieselregen ins Gesicht, mit Windböen im Rücken. Beim Hasenkläpperchen muss es gemütlich zugehen.

Großvaters gute Laune übertrug sich ganz schnell auf mich, denn ich durfte dabei sein – fieberte danach, dabei sein zu dürfen. Ich wäre den Tränen nahe gewesen, hätte ein Schultag den Strich durch die Rechnung gemacht. Groß war die Vorfreude auf die bevorstehende Jagd; die weihnachtliche konnte größer nicht sein. Am Morgen des Jagdtages sagte Großvater: »Der Rauhaar kommt mit, du trägst ihn im Rucksack. Wir werden ihn ganz sicher gebrauchen.« Mehr kam nicht über seine Lippen, und ich erahnte auch nichts von dem, was er im Schilde führte. Denn Hasentreiben und Rauhaarteckel passen ja nicht zusammen. Und auf Rehwild wird auf solch einer Jagd nicht geschossen.

Endlich ging's los, ein klappriges Lieferfahrzeug holte uns ab, wir fuhren zum Gasthof ins Nachbardorf. Dort bekamen die Jäger ihr Handwerkszeug ausgehändigt: Doppelflinte und Munition. Ein Volkspolizist in blauer Uniform mit einer Limousine vom Typ F8 war die unterste staatliche Instanz für die Ausleihe von Jagdgewehren. Wer jagen wollte und dazu ermächtigt war, musste sich mit diesen Spielregeln anfreunden und abfinden. Mit der ausgeliehenen Doppelflinte auf dem Rücken und 15 bis 20 Schrotpatronen in der Tasche fühlte sich jeder als König für einen Tag. Das tröstete die alten Jäger vom echten Schrot und Korn über verlorene Jägerparadiese hinweg; denn wer die Jagd im Blute hat, der gibt nicht auf.

Acht Jäger und eine Handvoll Treiber hatten sich eingefunden. Kein Eingeladener fehlte. »Grad' genug für kleine Streifen und kleine Holztreiben«, meinte Großvater und übernahm die Leitung über das Jagdkommando. So nannte man in den 50er Jahren des vergangenen Jahrhunderts die mobilen Jägergesellschaften, die in wechselnder Zusammensetzung von Ort zu Ort zogen.

Gleich hinter dem Dorf begann die erste Streife. Zwei Flügelschützen sollten vorgreifen, die Schützen- und Treiberlinie, also die Front, langsam vorgehen. Lange dauerte es nicht, und die ersten Hasen kamen auf die Läufe. Riesig sahen die Mümmelmänner auf dem Schneeboden aus, und wie sie mit ihren langen Läufen ausholten und fortstürmten, um ihren Balg zu retten! Die Ersten, die Reißaus nahmen, hatten Glück, die Flügelschützen, denen sie am nächsten kamen, pulverten ins Blaue.

»Ja, ja«, schmunzelte Großvater am Schluss des ersten Treibens, »morgens, dazu noch hinterm Dorf und bei dem Wetter, da liegen die Hasen locker, da muss der Flügel flink sein oder den Finger gerade lassen.« Die Frontschützen machten es besser, die ersten fünf Hasen rollierten.

Dann das erste Holztreiben. Wir Stöberer hatten die Aufgabe, nach Plan durchzugehen, nicht mit »Hoh« und »Huss« quer durch und aus sondern so, als ob wir die Hasen einzeln suchten. Das hieß: ruhig hin und her, dabei langsam vorwärts gehen, mit dem Stock ab und zu auf Buschwerk klopfen, Grasinseln und dichtes Gestrüpp kreuz und quer belaufen, sich dem Nachbartreiber nähern und wieder von ihm entfernen. Diese Art zu treiben dauert zwar länger, und die Schützen bekommen kalte Füße, sie führt aber auch zum Erfolg, sofern die Hasen nicht mit der Laterne des Linkeus gesucht werden müssen. Wir hatten Erfolg, traten einen Hasen nach dem anderen heraus, um uns herum knallte es, und am Schluss waren alle mit der Strecke zufrieden. Acht Hasen trugen wir zusammen. Dann folgte zum Warmlaufen der Schützen die zweite kleine Streife. Die Flügelschützen wollten es diesmal besser machen, bekamen einen Treiber in ihre Linie, konnten so etwas weiter vorgreifen und den vor der Front aufstehenden Hasen, die nach rechts oder links das Weite suchen wollten, gefährlich werden.

Jetzt hielten auch die Langohren besser. Ich hatte an drei Hasen ganz schön zu schleppen, denn auch mein Rauhaarteckel ließ sich

tragen. Die Hündin hatte sich beim vorangegangenen Stöbern warm gelaufen und ruhte sich nun auf meinem Rücken aus – bis zum zweiten Stöbertreiben. Wir Durchgeher hatten uns gerade aufgestellt, da krachte es zweimal auf der gegenüber liegenden Seite. Eine ganze Weile stöberte mein Rauhaar ganz lustlos. Plötzlich erfasste ihn Unruhe, und ab ging's mit Spurlaut. Rehwild ging mit federnden Sprüngen ab. Ihre Spiegel waren trotz Schnee nicht zu übersehen, so spreizten sie die weißen Nadeln. Einige Hasen machten wir noch hoch, und jedes Mal standen wir still, bis draußen die Schüsse fielen.

Wie ich durchs letzte Gehölz kroch, sah ich Artur ins Feld laufen, sich bücken und einen Fuchs aufnehmen. »Es hätten können zwei sein«, rief er uns Treibern zu, »die Schlauberger haben den Braten gerochen, wollten sich still und heimlich verdrücken!«

Wir gingen zum Sammelplatz, dort erzählte unser Fuchsschütze voller Freude, wie sich's zugetragen hatte: »Zuerst trat ich meinen Standplatz zurecht, um sicher stehen zu können, nahm dann zwei dreieinhalber Schrote in die Hand, ließ sie ganz bedächtig in die Läufe fallen, blickte auf – der Fuchs! Wie von selbst schnappte die Flinte zu. Meister Reineke stutze einen Augenblick, dann ging's ab in voller Fahrt. Der erste Schuss fasste ihn hinten, so dass er schleppte, der zweite warf ihn in den Schnee.« »Und der zweite Fuchs?«, wollten alle wissen. »Ach ja, den verpasste ich. Bevor ich endlich die Hülsen aus der ejektorlosen Flinte heraus gefingert und nachgeladen hatte, war der Rote bereits über alle Berge.«

Die letzte Streife führte zum Wald hin, dort sollte Strecke gelegt werden. Derweil die Treiber und zwei Schützen von drei Sammelplätzen die Hasen zusammentrugen, wartete Großvater mit seinem bis dahin geheim gehaltenen Nebenplan auf: »Bis alle Hasen an Ort und Stelle sind, haben wir noch etwas Zeit für einen Leckerbissen. Dafür brauchen wir den Teckel. Gehen wir zum Eichenhang drüben im Feld und nehmen uns die beiden Baue vor. Es müsste mit dem Teufel zugehen, sollte kein Fuchs drinnen stecken. Ich wette eins zu tausend, dass der Bau befahren ist. Drei Seiten sind zu besetzen. Jeder soll etwas davon haben. Kommt er nicht zu Schuss, so bestimmt zu Anblick.«

Von der oberen Feldkante her ging's dem nach Süden geneigten Hang zu. Der Hauptbau mit seinen drei Röhren befand sich im oberen Drittel etwa in der Mitte des Hanges im lichten Teil. Weiter links mehr im Unterholz ein zweiter Bau mit nur einer Röhre. Großvater schickte zwei Jäger auf die rechte, zwei auf die linke Seite. Vor dem Hauptbau wollte er selbst stehen. Die beiden anderen Schützen bezogen Posten auf der Nordseite. Die Südseite blieb frei, musste frei bleiben, denn es war Schussfeld für die Flügelschützen und für Großvater.

Meine Teckelhündin Asta hatte sich während der letzten Streife im Rucksack ausgeruht, nun war sie an der Reihe. Sie spürte, was da kommen sollte, wurde in der Nähe von Reinekes Behausung unruhig. In Sichtweite der Röhren bekam ich den Wink, den Hund aus dem Rucksack zu nehmen und im Arm zu halten. Dann folgte die nächste Handbewegung, die bedeutete, den Hund abzusetzen. Ich ließ meine Asta durch die Finger gleiten, und fort und husch hinein in die Hauptröhre war alles eins. Großvater stand stockstill und schaute wie gebannt auf die Röhren. Ich lugte hinter seinem Rücken vor, um ja nichts zu verpassen. Die Sache mit den Netzen und all ihren Nachteilen kannte ich, doch das was hier ablaufen sollte, nur vom Erzählen her. Wenn nur dem Hund nichts passiert, das waren meine Sorgen.

In dem Moment riss Großvater die Flinte hoch – bautz! Den Fuchs sah ich erst, wie er sich überschlug, dann seitwärts wälzte. Kein freudiges Draufzugehen folgte, kein Nachladen, keine Bewegung vor mir. Gleich wusste ich warum. Ein zweiter Fuchs fuhr aus der Röhre – ich sah, wie er im Knall zusammenrutschte, sich wieder aufrappelte, in die Sträucher wankte. Dann fiel ein weiterer Schuss, der sicher dem beschossenen Fuchs galt, dachte ich. Von neuem fesselte mich die Hauptröhre. Sollte gar ein dritter Fuchs zum Vorschein kommen? Kaum gedacht, sprang nicht der Fuchs, der Teckel schliefte aus, äugte in unsere Richtung, schüttelte sich, trabte zur linken Nebenröhre und nahm sie an. Es dauerte und dauerte, doch dann fuhr der rote Blitz heraus und hinein ins Unterholz. Kurz darauf fielen zwei Schüsse. Da erschien auch der Hund und lief mir in die Arme. Nichts mehr drin, genug für heute, wollte er damit sagen.

Unten am Hang kamen wir zusammen, mit drei Füchsen gingen wir zur Strecke: ein ganz starker Rüde und zwei Fähen. Und am Ende lagen auf dem Platz vier Füchse und 23 Hasen, und alle Jäger fühlten sich als König für einen Tag.

Am Finkenberg abgepasst

Staubtrockener Januar. Am Robinienhang gegenüber dem Forstland nahe der Sauener Grenze hatten die Sauen alles umgedreht. Die Schwarzkittel kamen und gingen zu einer Zeit, wenn ich noch nicht anwesend war oder bereits den Heimweg angetreten hatte. Regelrecht an der Nase herumgeführt haben sie mich, denn ein Stück weiter, im Buchenkopf am Finkenberg und dahinter, wo die Sauener Berge beginnen, waren sie nicht zu spüren.

Aber jetzt, nach dem Schneefall gefielen den Schwarzkitteln diese Stellen besser. In der zweiten Nacht hatten sie dort ganze Arbeit geleistet. Wieder schneite es, bestes Pirschwetter, hell genug unter den Buchen. Als ich dort zur Mitternachtsstunde ankam, war alles schon passiert, zog die letzte Sau gerade in den Fichtenkopf. Also nichts wie hin zu den Sauener Bergen. Ich lief erst schneller, dann doch vorsichtiger, da die Sauen rechts und links durcheinander quirlten. Das Glas brauchte ich nicht. Die

Kipplaufbüchse in der Hand, die zweite Patrone zwischen den Fingern, so schob ich mich langsam näher. Ganz nah am Stubben ein Frischling – bautz! – der rote Punkt des Varipoint stand gut, das Stück schlegelte. Die zweite Patrone war längst im Lauf, als die Mannschaft am Gegenhang verhoffte. Im Schuss kugelte der nächste Frischling den Hang hinunter.

Zwei auf einen Streich! Aber aller guten Dinge sind drei! – stichelte der mit der Hahnenfeder am Hut. Vielleicht hält drüben im Buchenschopf am Finkenberg eine Bache mit ihren Frischlingen Nachlese? Also zurückpirschen, besser noch das Ganze umschlagen und von der Forstlandseite angehen. Gedacht, getan – zu schön die Nacht, um schon den Heimweg anzutreten. Den Rucksack legte ich neben die aufgebrochenen Frischlinge, und mit raschen Schritten machte ich mich auf den Weg zu den Buchen.

Ab Robinienhang ging ich vorsichtig zu Werke, pirschte bis zum Fischersteig und bog dann ab zum Buchenschopf am Finkenberg. Mit jedem Schritt wuchs die Spannung. Noch sah ich nichts, noch hörte ich nichts – auch nicht, als die Buchen ins Blickfeld kamen. Nur keine unvorsichtigen Bewegungen, denn die Sauen konnten am Rand in den Kiefern herum suchen und sich dabei ganz still verhalten.

Die Zeit ging dahin, die Füße wurden kalt, innere Unruhe kam auf. Da bellte drüben vom Heuweg ein Fuchs. »Mag er doch heran schnüren, hätte nichts dagegen«, dachte ich so vor mich hin. Aber ihm stand anderes im Sinn, sein Bellen entfernte sich zum Modderbusch hin. Doch dann schien er sich's anders überlegt zu haben, kam näher, musste jetzt vor dem Birkenhügel sein … und da raschelte etwas halbschräg vor mir in den Kiefern: eine Sau kam hervor und noch eine und weiter unten die dritte. Wenn das nichts wär'! – und schob den Spannschieber vor. Meine Bewegung mit dem Gewehr nahmen die drei Frischlinge nicht wahr. Ganz frei standen sie jetzt, die braunschwarzen Kerle, einer so groß wie der andere. Durchs Zielfernrohr tastete ich sie nacheinander ab. Auf dem letzten, der von unten hochkam, heftete sich der rote Punkt vom Varipoint fest.

Ein leichter Fingerdruck: klick! – und die Sauen stutzen. Versager – nein, nicht wieder geladen vorhin nach dem Aufbrechen der beiden Stücke. Die linke Hand fischte in der Patronentasche. Als endlich die Kugel im Lauf steckte, hatten die drei Stücke den Gegenhang erreicht, wendeten mir ihre Hinterteile zu.

Ich tröstete mich damit, dass »noch nicht aller Nächte Abend ist!«

Mit Skiern auf Schwarzkittel

Der Januarmond ging ohne Schnee dahin, und ohne Schnee begann der Februar. Doch dann kamen dunkle Wolken über das flache Land, die den Schneewinter brachten. Ich rieb mir die Hände und holte die Skier vom Boden. Endlich wieder mit den Brettern nach Sauen fährten – wird das eine Lust sein! Abfährten ist spannungsreicher Vorgeschmack auf die Jagd. Eigentlich beginnt damit das Jagen. Vom ersten Schritt an hofft man zu finden, was man zu finden wünscht: frische Fährten, frische Brechstellen. Doch so richtige Zauberkraft bekommt dieses Suchen, dieses Spüren nach Unvorhergesehenem erst bei Schnee. Wie ein weites, unberührtes Land mit all seinen Geheimnissen liegt das Revier zu Füßen des Jägers nur darauf wartend, von ihm betreten zu werden. Und kreuzt man die ersten Saufährten, stellt sich jagdliches Hochgefühl ein.

Von der Haustür weg schritt ich mit den Langläufern kräftig aus, nahm mir von der Sauener Grenzhecke in Richtung Modderbusch Zeit, glitt gemächlich dahin, um nichts zu verpassen, was von Interesse sein konnte. Da und dort Rehfährten am Weg, eine Fuchsschnur, Hasentritte – so fing es an. Dann ging's den so genannten Schluchtweg hinunter. Grad' wollte ich mit den Stöcken ausholen, um rascher vorwärts zu kommen, da trollte Rotwild über den Weg. Fünf junge Geweihte zählte ich. Sie hatten mich nicht im Blick, zogen ins hohe Holz, verhofften, standen unschlüssig herum und setzten schließlich ihren Weg fort.

»Nun fehlen nur noch die Sauen«, dachte ich und glitt weiter, ließ das lichte Holz hinter mir und fuhr direkt auf die Überraschung zu: Der schneebedeckte Sandweg hinter der kleinen Biegung war in seiner ganzen Breite von einer Rotte Sauen durchfurcht und zertreten. »Vielleicht haben sich die Schwarzkittel in der Hangdickung eingeschoben? Dort gibt's freie Stellen um die Überhälterkiefern. Wäre das nicht einen Versuch wert, die Sauen anzugehen, wenn sich die Fährten dorthin verlieren würden?«, fuhr es mir durch den Kopf. Einer solchen Einladung konnte ich nicht widerstehen. Ab ging's, den Queranstieg an der Dickung hoch. Schritt um Schritt hoffte ich auf die Zeichen im Schnee.

»Sollten die Schwarzkittel im Stangenholz die Richtung geändert, nur weit ausgeholt haben und von oben der Dickung zugewechselt sein?«, überlegte ich. Letzteres wünschte ich mir und ging im Fischgrätenschritt den Hang an. Vor der Sandmulde über der Kuppe dann der ersehnte Sauenpfad. Ohne Halt hatten die rauborstigen Gesellen die Dickung angenommen. Ich musste wieder zurück und den Weg, der quer durch einen Teil des Jungholzes führte, gespannt durchlaufen.

Nun ging's richtig los: In der einen Hand den Drilling, in der anderen die beiden Stöcke und hinein in die Kiefern. Mal schob ich mich durch dichten Jungkiefernbestand, dann vorbei an lichten Stellen mit alten Baumstubben und Heideflecken. »Wenn das kein Saueneinstand ist – Lagerplätze und Sonneninseln!«, redete ich frohlockend vor mich hin. An solch ruhigen Schneetagen bummeln die Sauen gern im Einstand umher. Da locken alte Baumstümpfe und Moosinseln unter dem Schnee. Wie ich so langsam dahin glitt, nach rechts und links schaute, dann wieder auf den Weg, um die Saufährten rechtzeitig zu entdecken, marschierte plötzlich ein Frischling auf mich zu, drehte wieder ab und verschwand im Jungwuchs. Fast an gleicher Stelle kam ein zweiter Frischling zum Vorschein und schnüffelte am borkenlosen Kiefernüberhälter herum. Vorsichtig drückte ich die Stöcke in den Schnee, schob die Skier etwas auseinander, um sicherer stehen zu können, und wartete auf die ganze Sippe. Doch den Gefallen tat sie mir nicht. Mal kam ein Stück zum Vorschein, dann wieder schoben sich zwei Frischlinge aus den Kusseln. Die Bache ließ sich nicht blicken.

»Warum noch länger warten?«, sagte ich mir. Wie einer der Frischlinge mir gut stand, fasste ich zu. Dumpfer Knall, Schneerieseln, Fortspritzen nach rechts und links, und vor mir schlegelte der getroffene Frischling. Rasch löste ich die Bindung, um beweglicher zu sein. Denn ich rechnete noch mit dem einen oder anderen Frischling, der entgegengesetzt von der Bache geflüchtet war und den Anschluss suchen würde. Minuten vergingen, still blieb es. Schon wollt' ich aufgeben und zu meinem Stück gehen, da vernahm ich neben mir leises Grunzen. Und da schob sich auch schon ein braunweißes Etwas durch tief hängende Kiefernäste, verhoffte einige Schritte halbschräg neben mir. Im Schuss ein kurzes Aufklagen, und fort war der Frischling. »Weit wird er nicht gekommen sein«, dachte ich, ging zu meinem ersten Stück, dann zum Anschuss der zweiten Sau. Schweiß und Borsten lagen verstreut, viel Schweiß in der Wundfährte – und zwischen zwei Kiefern schimmerte es braun. »Zwei Sauen, zwei Frischlinge von den Skiern aus – wenn das kein Jagen ist! Lockere Dickungen muss man im Revier haben, dann macht das Anpirschen mit den Skiern Spaß!«, jubelte ich leise.

Wer es von Kindesbeinen an gewöhnt ist, auf Skiern zu stehen, wer den Langlauf über alles liebt, wird die Schneebretter zu seiner winterlichen Jagdausrüstung zählen, sie zum Kreisen im Sauenrevier nutzen, zum Kontrollgang tagsüber im Wald wie im Feld und auch zur Nachtpirsch auf die Schwarzkittel. Wer im flachen Land zu Hause ist, wo richtige Schneewinter selten sind, wird wissen wollen, wie man mit dem Schneezeug bei der Jagd umgeht.

Eine vollendete Langlaufausrüstung muss es nicht sein, das breitere Touren- oder Loipenbrett tut's auch. Der gelegentliche Skiläufer steht besser darauf, »kippelt« nicht so leicht. Die üblichen Leichtmetallstöcke sind mit weißem Stoff zu umwickeln, damit es beim Gegeneinanderschlagen keine harten Geräusche gibt. Vor allem müssen die Stöcke lang genug sein, bis unter die Achseln reichen. Das ist erstens für sicheres Laufen wichtig und zweitens dienen sie gleichzeitig als Zielstöcke, entweder der einzelne Stock zum Anstreichen oder beide Stöcke an den Griffen zur Schere gestellt zum Auflegen.

Fürs Abfährten müssen die Skier schnell sein, zum Pirschen aber jederzeit in der Spur festen Stand gewähren, dürfen auf festem Schnee nicht wegrutschen. Deshalb sind ein paar zusätzliche kräftige Wachstupfer rechts und links der Rinne zu empfehlen. Sobald man beim Pirschen Wild erblickt, es ansprechen und möglicherweise beschießen will, werden die Skier etwas gegrätscht, was die Standsicherheit erhöht. Wer sich auch da nicht sicher fühlt schnallt sie ab.

Zur vollständigen Ausrüstung gehört ein Schneemantel oder ein Schneehemd aus leisem Stoff. Der Mantel (mit Klettverschlüssen) hat den Vorteil, dass man rascher in die Taschen der Kleidung kommt und beim Aufbrechen das weiße Zeug nicht über den Kopf ziehen muss. Schneemantel oder Schneehemd müssen locker auf der Kleidung liegen. Der weiße Umhang darf weder flattern noch im Schnee schleifen. In einer aufgesetzten Schubtasche steckt das Pirschglas sicher und griffbereit. Beim Laufen darf es nicht vor der Brust baumeln. Wichtig ist auch eine weiße, fest sitzende Kopfbedeckung, entweder Strickmütze oder Jagdcap bzw. Kappe. Was der Jäger unter dem weißen Zeug trägt, hängt zwar von der Außentemperatur ab, muss aber bewegungsleicht sein. Wird mit den Skiern nur gekreist, ist der Schneeumhang entbehrlich, er behindert nur rasches Laufen.

Wichtig ist, dass man beim Kreisen wie beim Reviergang nicht quer durchs Revier fährt. Der Jäger bleibt auf den Hauptwegen, sieht von da aus das meiste, was er zu sehen wünscht. Abfährten mit den Skiern ermöglicht es, rasch größere Waldstücke zu umfahren. Bewusstes Umgehen mit den Skiern ist besonders in Rotwildgebieten notwendig, um das Wild so wenig wie möglich zu stören. Und in Wintersportgebieten verbietet sich das Querbeetfahren von selbst, es lockt nur Skifahrer an. Hier ist der Jäger als Skiwanderer unterwegs, benutzt die getretenen Loipen.

Ganz anders verhält es sich bei der Skipirsch auf Schwarzwild im Feld oder in Wald-Feld-Lagen. Da fährt man die im Gebräch stehende Rotte direkt an bzw. umschlägt sie, um in guten Wind zu kommen. Zieht die Rotte brechend übers Feld, kann der Jäger auf Skiern ihr den Weg abschneiden, ist rascher als zu Fuß. Neben der Freude am Skilaufen habe ich das beim Jagen als großen Vorteil empfunden …

Viel vorgenommen hatte ich mir für die stille Winternacht. Erst wollte ich im Holz auf Reineke passen, dann im Feld mit den Skiern die Sauen anlaufen. Bereits am Nachmittag machte ich mich auf den Weg zu meiner Leiterkanzel beim Kadelhof. Mit den Skiern von der Haustür weg die drei Kilometer übers Sauener Feld hin zum Görziger Robinienhang zu laufen, das machte Freude. Das leichte Dahingleiten im Pulverschnee liebte ich. An meiner Leiter angekommen, stellte ich Skier und Stöcke »abfahrbereit«, steckte die eingewickelten Laufschuhe in den Rucksack, kroch in den Ansitzsack, legte den Drilling griffbereit und wartete geduldig auf Meister Rotrock. Im Dämmerlicht wechselte Rehwild aus der Dickung, mehrere Hasen hoppelten den Pass entlang ins Feld, doch Reineke ließ sich nicht blicken, auch kein rauheiseres Bellen war zu hören.

Dann plötzlich inmitten der Dickung ein Aufklagen, ein Kreischen. »Die Sauen stecken in der Dickung und machen sich auf den Weg ins Feld« ... hellwach wurde ich. Da, wieder ein Streiten schon ganz in der Nähe. Sollte die Rotte gar auf mich zu wechseln? Jetzt aber den Drilling in die Hand, denn alles kann rasch gehen. Und wie ich's gedacht hatte, rumorten die Sauen bereits am Dickungsrand. Dann ein Blasen der Bache, und die ganze Bande marschierte in die Kiefern zurück – ohne Eile, drinnen ging das Streiten munter weiter. »Was mag nur in die Bache gefahren sein, dass sie plötzlich kehrt machte? Ich sitze doch gut im Wind!« redete ich enttäuscht leise vor mich hin.

Ein Weilchen später hörte ich die Sauen ganz entfernt rumoren, noch in der Dickung aber schon oben am Feld. »Jetzt aber auf die Skier und ihnen nach!«. Alles außer dem Drilling ließ ich zurück, baumte ab, schlüpfte in die Langläufer und umfuhr so rasch es ging die Dickung. Als ich die Feldkante erreichte, beschäftigte sich die Rotte bereits mitten auf dem Schlag. Im leichten Bogen fuhr ich drauf zu, ließ einen Stock fallen, glitt langsam näher, nahm den Drilling von der Schulter, strich am Stockgriff an und fasste das letzte Stück der Rotte. Im Knall schob es das Stück vor, und ab ging der ganze Trupp, beschrieb einen Halbkreis in Richtung Dickung. Die beschossene Sau hielt mit, dann wurde sie kürzer und kürzer und strauchelte in den Schnee. Die Rotte nahm davon keine Notiz, trollte im Gänsemarsch in die Dickung zurück. Von dort vernahm ich ihr Brechen, das leiser und leiser wurde ...

Frühjahrssauen

Spät im März meldete sich der Winter zurück. Mit dichtem Flockenwirbel deckte er den Vorfrühling zu, verwandelte Wald und Feld in ein glitzerndes Nach-Wintermärchen. Zwei volle Tage hielt sich der Schnee, dann lachte die Sonne übers ganze Gesicht, und mit dem weißen Spuk auf grüner Saat hatte es ein Ende. Nur da und dort im Wald und hinter dichten Hecken blieb noch ein Hauch vom Winter zurück. Die Amseln störte das nicht, sie sangen bis in den Abend, und auch die Tauber nicht, die sich in den blaubewölkten Himmel schwangen, und das Rehwild nicht, das auf den Saaten stand.

Noch früh am Abend machte ich mich auf den Weg zum Großen Modderbusch; das Schnepfenwetter lockte und die Schwarzkittel, die im Vorfrühling dort beizeiten zu erwarten waren. Am Hang gegenüber den Suhlen war mein Platz. Am Boden saß sich's jetzt besser als auf der Kanzel. Wozu von der Natur abschirmen, wenn es nicht nötig ist? Man will ihr doch angehören, Waldluft und Erdgeruch aufnehmen, in die Wipfel der Bäume schauen und hören, wenn sich etwas regt, näher und näher kommt.

So saß ich bei frühlingshaftem Wetter auf meinem Sitzstuhl, schaute den Kleibern zu und den Spechten, wie sie sich emsig beschäftigten – da lenkte mich ein Rascheln neben mir am Hang von den Vogelbeobachtungen ab. Tapp-tapp-tapp ging es, und wieder tapp-tapp-tapp, und da lugte es hinter einem Stubben hervor, das Schelmengesicht. Weiter ging der Trab. Am Weg stutzte Reineke, dann verfiel er in Eile, nahm den Pass durchs alte Farnkraut und verschwand in der Kieferndickung.

Wenige Zeit später, die Amseln wurden schon müde, rumorte es in der Dickung, in der der Fuchs so eilig verschwunden war. Dann hörte sich's wie dumpfes Kreischen an – die Sauen. Eine

Amsel begann zu schimpfen, eine zweite stimmte ein, dürres Holz knackte. Fest heftete sich mein Blick auf die unruhige Stelle: huschte da nicht ein hell gefärbter Schwarzkittel durch die Kiefernstangen? Verhaltene Stille, doch man spürte, dass sich da drüben bald etwas tun würde.

Das sind die Augenblicke der eigentlichen Jagd – wohltuende Anspannung der Sinne.

Da kamen die Sauen, traten aus den Kiefern heraus und zogen als loser Haufen auf die Suhle zu. Ein geschäftiges Treiben begann. Sauwohl fühlten sich die fünf Frischlinge, das Spielen der Pürzel sagte alles. Von der Bache fehlte jede Spur, sie steckte sicher irgendwo drüben hinter den Eichen im Wirrwarr von Bruchholz, Altgras und Strauchwerk, derweil ihre Vorjahrsnachkommenschaft hier ausgiebig Toilette machte. So ging das eine ganze Weile, bis der Anführer vom Fünfertrupp den Suhlenbesuch für beendet erklärte, auf trockenen Boden trollte. Wie brave Schulkinder folgten die anderen.

»Den letzten«, dachte ich, »den wirst du dir vornehmen.« Er hatte den Anschluss verpasst, stand unschlüssig am vorderen Suhlenrand. Der Schuss und das Echo brachte die kleine Gesellschaft auf Trab. Eins – zwei – drei – vier – und im Laub lag der Fünfte, mein Frischling.

Für die Schwarzwildbejagung gibt es keine tote Zeit, auch nicht im Vorfrühling, wenn die Frischlinge geworfen werden bzw. mit der Bache ihre ersten Streifzüge unternehmen. Zum einen kann der Schaden, den die Sauen auf Feldern und Wiesen anrichten, beträchtlich sein, zum anderen lassen sich die Stücke bei gutem Licht sicher ansprechen, denn die Frühjahrsregheit des Wildes macht auch um die Schwarzkittel keinen Bogen. Die Sauen sind vom Weiß heruntergekommen und haben Tag für Tag Bärenhunger. Grund genug für sie, sich beizeiten noch bei gutem Büchsenlicht aus dem Kessel zu schieben und in Richtung Fraßplatz zu marschieren, der in der Feldflur liegt. Dort verschonen sie weder

»Kartoffelroggen« noch alte Rüben-, Mais- oder Sonnenblumen-äcker. Auch über die Wiesen machen sie sich gehörig her.

Die Sonne hat noch nicht den Horizont erreicht, da werden die Sauen bereits im Kessel hoch, vertreten sich die Läufe und ziehen »versuchsweise« mal hier und da schnüffelnd zum Rand des Ein-standes um zu prüfen, ob die Luft rein ist. Dabei geht es nicht immer sehr leise zu besonders in gemischten Rotten. Wann und an welcher Stelle sich die Sauen letztendlich ausschieben, hängt neben dem Wetter vom Einstandsumfeld ab und von der Entfer-nung zum Feld, das mit Fraßangeboten lockt. Im geschlossenen Wald schieben sich die Sauen aus kleineren Einständen sehr zeitig aus, wenn das nähere und weitere Umfeld Kerfe in der Boden-decke enthält oder Reste von Eicheln und Bucheckern zum Bre-chen animieren.

In Feldholzdickungen sind die Schwarzkittel ebenfalls am frü-hen Abend rege, trauen sich aber nicht sogleich ins Freie, wenn sich kein schützendes Umfeld dem Einstand anschließt. Meist ziehen sie vom Inneren der Dickung an den Rand und dann ganz bedächtig an der Dickungskante entlang, um plötzlich die Rich-tung zu ändern, wieder im Bestand zu verschwinden. Und je nach Lust und Laune geht's mal eher mal später aufs freie Feld.

Ob feste Standdickungen oder Einstände, die nur ab und zu im geschlossenen Wald in Frage kommen, oder Feldholzeinstände – zunächst heißt es für den Jäger, die augenblicklichen Wechsel-gewohnheiten heraus zu finden: Wo und wie führen die meisten Wechsel in Richtung Feld, welche Umwege machen die Sauen dabei, und wie ziehen sie am Morgen zurück? Wo machen sie Halt, wo schwärmen sie aus, um ihren morgendlichen Nachhun-ger zu stillen? Danach trollen die Schwarzkittel meist schnur-stracks ihrem Tageseinstand zu. Oft wechseln die Rotten die Ein-stände in Abhängigkeit vom Wetter, und mitunter ist es ganz einfach eine Laune, dass andere Einstände zum Einkesseln über den Tag aufgesucht werden.

Sauen sind zwar nicht so empfindlich wie Rotwild, aber die Tageseinstände, vor allem die kleinen regelrecht abzulaufen, um ja keine Fährte zu verpassen, ist nicht ratsam. Die Sauen halten das aus, wenn sie mittendrin stecken. Da man aber nie genau weiß, wo sie sich bei welchem Wetter eingekesselt haben – auch mal am Rand im dichten Brombeer- oder Ginsterwuchs – können sie vom fährtensuchenden Jäger kräftige Wittrung bekommen, unruhig werden und ganz leise auswechseln. Der Jäger, der nach seinem Reviergang Pläne schmiedet für den Abendansitz, hat die Rechnung dann ohne den Wirt gemacht, wird umsonst ansitzen. Weit genug ab vom Einstand gibt es reichlich Stellen um festzustellen, ob Sauen frisch gewechselt sind, und welchen Weg sie zum Feld genommen haben, oder ob die Dickung leer ist, die Sauen an anderer Stelle Quartier bezogen haben.

Auf das Herausfinden der »sicheren« Hin- und Rückwechselabschnitte kommt es an; Abschnitte, wo Wechsel aus mehreren Einständen zusammenlaufen, die die Sauen, wenn sie im Revier stecken meist benutzen, und die Fährtenbilder auf gemischte oder Überläuferrotten schließen lassen. Erst dann fällt die Entscheidung, wo ansitzen abends wie morgens vielversprechend ist.

Wer in seinem Revier verteilt über die Fläche sichere Saueneinstände »besitzt«, kann bei »Sauenwetter« mit Gruppenansitz Strecke machen. Wer in seinem Feldholzrevier lediglich kleine Einstände hat, die von den Sauen nur gelegentlich aufgesucht werden, muss die Tage nutzen, wenn die Schwarzkittel sich dort gesteckt haben, und das Wetter passt. Sauen wechseln zwar bei jedem Wetter, doch nicht jedes Wetter taugt für die Jagd. Offenes, windstilles Wetter oder leichte Luftbewegung und Nieselregen sind ideal für den Ansitz. Windtage scheiden aus. Die Sauen halten sich nur kurze Zeit im Freien auf, sind unruhig, wechseln ins Holz zurück, suchen andere freie Stellen auf und ziehen zeitig und eilig zurück, machen selten Halt an Suhlen oder Morastlöchern.

Schneisen oder breite Gräben, die Einstände trennen, sind zwar gute Plätze, nicht aber im Vorfrühling. Dort jagen bedeutet, die Bachen mit Nachwuchs in ihrem Heiligtum stören. An solchen Einständen muss Ruhe herrschen, auch wenn es mitunter bei den Sauen hoch her geht. In Tuchfühlung zum Einstand mit Sicht auf mehrere Auswechsel ansitzen ist die bessere Wahl. Meist führen die Wechsel aus den Einständen an kleinen Wiesenflecken, Suhlen, morastigen Wegen, Alteichen- oder Buchenhorsten vorüber – dort befinden sich die besten Plätze. Wenn der »Kirrbetrieb« sachgerecht ausgeübt wurde, sollte man versuchen, mit sparsamen Gaben die Sauen neugierig zu machen, sie beim Auswechseln an diese Stelle zu locken. Auch am Morgen machen die Schwarzkittel dort gern Station bei ihrer Rückrunde.

In der Nähe der Wechsel zu diesen Orten reichen bei welligem Gelände bzw. an Hanglagen meist Bodensitze aus bzw. genügt der Sitzstock oder Jagdstuhl. An Stellen, wo Sauen aus verschiedenen Richtungen anwechseln können, sind hohe Sitze erforderlich, denn bereits bei halbem Wind muss der Jäger, der die Sauen kommen sieht, mit plötzlicher Flucht rechnen. Ganz fein küselnder Wind oder eine »aus der Reihe tretende Sau« genügen, um dem Ansitz ein vorzeitiges Ende zu bereiten. Sitzen mehrere Jäger an, hängt es vom Gelände ab, ob der Sicherheit wegen nur Sitze in Frage kommen oder eine Kombination von Leitern bzw. Ansitzböcken und Bodensitzen den Zweck erfüllt. In Laubholzrevieren, wo zu späterer Zeit das Blätterdach die Sicht nimmt, haben feste Sitze nichts zu suchen, behindern nur.

Wer die Sauen in größeren Feldholzdickungen der Gemenglagen fest hat – dort halten sich gern Überläuferrotten auf – kann gleich vom ersten Ansitz weg auf Erfolg hoffen. Sind die Dickungen – Nadel- oder Laubholz oder ein Gemisch aus beiden – von Altholz mit unterwuchsfreien Stellen umgeben, halten sich dort die Sauen längere Zeit auf, bevor sie bei Dunkelheit ins nahe Feld wechseln. An diesen Stellen, wo sie zumeist auswechseln, um im

Vorfeld der Dickung hin und her zu ziehen, gehören an übersichtliche Stellen mit Blick auf ein längeres Dickungsstück bequeme Sitze. Geeignet dafür sind Drückjagdböcke, die rasches Bewegen nach rechts und links erlauben. Ziehen oder brechen die Sauen außer Schussentfernung oder hört sie der Jäger in eine andere Richtung wechseln, wäre das »Klebenbleiben« am Sitz grundverkehrt. Sofern das Angehen Aussicht auf Erfolg verspricht, und keine weiteren Jäger im Umfeld der Dickung ansitzen, geht man sie an und zwar so nah wie möglich.

… In einer größeren Feldholzkultur herrschte zur Frühjahrszeit tüchtiger Sauenbetrieb. Der Duft des frischen Waldbodens, besonders aber der nahe »Kartoffelroggen« hielt die Schwarzkittel in den jungen Kiefern fest und ließ sie zeitig hochwerden. Das ganze Feldgehölz mit seinen kleinen Dickungen und Laubholzinseln gehörte den Sauen, denn hier herrschte Ruhe. Ungestört konnten sie herumschnüffeln und nach Herzenslust brechen, um dann im Schutze der Dunkelheit den Weg ins freie Feld anzutreten. So gab es für die Schwarzkittel keine festen Gewohnheiten, und für den Jäger war für Abwechslung gesorgt, er musste dort ein paar Ansitzabende einplanen, um die Sauen nah genug vor den Büchslauf zu bekommen. Zogen sie heute aus der Kultur in die sich anschließende kleine Dickung und von dort durchs Stangenholz wieder in Deckung, dann wechselten sie am nächsten Abend bestimmt die lange Feldkante entlang.

Ob nun die Sauen so oder so wechselten, mit der Leiter, die an der Kiefernkultur stand, hatte es seine Bewandtnis. Von ihr schaute man in die Geheimnisse des Einstandes, konnte den abendlichen Abmarsch oder das morgendliche Zurückwechseln der Schwarzkittel beobachten und je nach Sachlage die Sauen anpirschen oder sitzen bleiben, sie im Vorfeld des Einstandes empfangen.

Eines Abends hatten es die Sauen besonders eilig. Die Sonne war noch als Glutball am Horizont zu sehen, da reckte und streckte sich mitten in der Kiefernkultur die erste Sau. Das war zugleich das Signal für die noch ruhenden Schwarzkittel, eine um die andere Sau kam auf die Läufe. Sieben, acht, neun schwarzborstige Kerle standen plötzlich regelrecht herum. Es sah wie eine stumme Beratung aus, welcher Weg denn heute zu wählen sei. Lange hielt die Unschlüssigkeit nicht an, Bewegung kam in die Rotte. In Reih und Glied ging's durch die Kultur auf die Dickung zu. Zeit ließen sie sich dabei.

Werden sie quer durchziehen oder ins hohe Holz, meiner Leiter zuwechseln? Am Dickungsrand knackte es, eine Sau trat ins Freie, sicherte und machte kehrt. Die Reise ging also von mir weg. Der Wind strich günstig, so konnte ich versuchen, sie am Querweg zum Feld vor der zweiten kleineren Kultur abzupassen. Gedacht, getan; Minuten später stand ich dort, aber es geschah nichts. Wie eine Ewigkeit kam mir das Warten vor. Sollte die Rotte gar zurück gewechselt sein oder bereits am Feldsaum im Gebräch stehen? Schon wollte ich umkehren, entschied mich aber doch, das Stück Weg bis zum Feld zu gehen. Gleich hinter der Biegung fuhr ich zusammen – Herrje! Die Sauen! Die Überläufer versperrten mir förmlich den Weg: keine zwanzig Schritt entfernt machte sich der Trupp am alten Strohhaufen zu schaffen, der mitten auf dem Weg lag. Von mir, der ich ganz frei dastand, nahmen sie keinerlei Notiz, so beschäftigte sie der schon zum x-ten Male durchgewühlte Strohhaufen.

Ohne Hast nahm ich den Drilling von der Schulter und wartete, bis einer der Überläufer zur Seite trat. Im Schuss stiebten die Sauen wie die wilde Jagd auseinander, nach rechts, nach links, aufs Feld hinaus … einer der Erschreckten raste auf mich zu, bog aber noch im rechten Moment ab. Zurück blieben der aufgewühlte Strohhaufen und der Überläufer, der ein paar Tage später zum jungen Keiler aufgestiegen wäre.

Schnepfenzauber

Später Frühling wie er schöner nicht sein konnte: blauklarer Himmel, wärmende Sonne und zarter Lufthauch, der den herben Duft des Waldbodens hervorquellen ließ. An Tagen wie diesen ist für den Jäger die Stunde der Dämmerung ein Geschenk. Versäumt er die Zeit zwischen Tag und Nacht, versäumt er den Schnepfenzauber.

Vom Kamm des Moränenhügels am Rande der Sauener Berge kann ich den nach Süden hin welligen Hang mit seinen Jungkiefern und dem Birkenwuchs einsehen. Seit Jahren schon begrüße ich dort die Ankunft der Langschnäbel. Drüben von den Laubholzinseln am Finkenberg setzen sie zum Gaukelflug an, umrunden die Hangdickung vorm Kiefernaltholz, um dann erneut als große Schmetterlinge vor meinen Blicken aufzutauchen.

Lange schon sitze ich an eine Kiefer gelehnt, schaue der Sonne nach, bis kein Widerschein mehr zu sehen ist. Auf dem Rucksack liegt die Büchse, denn mit Sauen kann man hier immer rechnen. Die eben noch munteren Amseln werden schläfrig, und das ist das Zeichen für die Schnepfen. Ganz fern noch der erste Laut – und schon ist er da, der Langschnabel, streicht quorrend vorüber, flattert den dunklen Kiefernwipfeln zu, taucht im Halbdunkel über der Dickung auf und verliert sich zum Robinienhang hin.

Wieder quorrt es, die nächste Schnepfe rudert heran. Deutlich kann ich das leise Zwitschern hören. Ganz allein zieht sie ihre Bahn und schwebt wie eine Philomele der Nacht ins Dunkel hinein. Die Sterne werden heller und heller, aus den Altkiefern am Forstrand ruft der Waldkauz – Zeit für den Heimweg.

Die Gedanken verlieren sich im Schnepfengewirr der Jahre – dunkles Erinnern an Orte und Zeiten, wo ich sie mit der Flinte in der Hand erwartete oder nur als stiller Teilhaber den Zauber des Frühlings belauschte.

Ein Schnepfenfrühling ist mir ganz lebendig geblieben, als ob es Gegenwart wäre …

Im oberen Polenztal, einem Wiesental mit bewaldeten Hängen am Rande der Sächsischen Schweiz, erlebte ich ihn. Wie es dazu kam? Nach einer winterlichen Waldstreife rechts und links der Polenz, an der ich als jugendlicher Treiber teilnahm, hieß es Schüsseltreiben in der Bockmühle. Die Bockmühle – weithin bekannt – ist Ausgangspunkt für Wanderungen im Frühjahr durch die Märzenbecherwiesen.

Beim Essen wurde über die magere Strecke palavert, dann kam man auf die Böcke zu sprechen, die oberhalb der Hänge in den Wiesengründen und Feldern stehen. Einer der Jäger brachte die Rede auf den Schnepfenstrich. Wo genau sich das Okuli-Geheimnis abspielte, kam nicht zur Sprache. Das weckte in mir die Neugier, die Stellen im Tal ohne Zutun der Alten herauszufinden.

Wochen vergingen. Als ich glaubte, es sei so weit mit den Schnepfen, fuhr ich spätnachmittags dorthin und stellte mich hinter der Bockmühle vor einer breiten Wiesenfläche an und wartete – wartete vergeblich auf die Schnepfen. Wieder zu Hause, frug mich Großvater, wo ich denn gewesen sei. »Bei den Schnepfen im Polenztal, hab' aber keine gesehen«, antwortete ich missgelaunt. »Glaub' ich dir – hättest mich fragen sollen«, war seine kurze Antwort. Die nächsten Tage fiel kein Wort mehr über die Schnepfen. Dann plötzlich am Gründonnerstag gab mir Großvater den Wink: »Heut' müssen wir ins Polenztal.« Nach kurzem Überlegen dann die bewusste Ergänzung: »Fahr' allein, der Weg ist mir zu weit. Und nicht an der Brücke stehen bleiben, ins Tal hinein, am Kahlschlaghang warten!« Hinter einem Felskopf versteckte ich mein Rad und ab ging's zum besagten Schnepfenhang.

Als es zu dämmern begann, wurde ich ungeduldig: »Wieder keine Schnepfe, wieder nicht der richtige Platz!« Doch plötzlich war sie da, die Frühlingsbotin. Wie ein dunkler Schatten huschte das kleine Ding ganz nah' vorüber – work-work-work-puitz –

und weg war sie. Dann ging es Schlag auf Schlag. Zwei Langschnäbel hatten es auf einander abgesehen und wirbelten dem
Hang zu. Wieder kam ein Paar angeflattert, über meinen Kopf
hinweg, dann drüben am Bach entlang. Ich stand wie gebannt, bis
die Schnepfen Ruhe gaben. Als ich wieder auf meinem Fahrrad
saß und heimwärts strampelte, kam in mir ein wenig Stolz auf,
dass ich fast allein das Schnepfengeheimnis im Polenztal heraus-
gefunden hatte.

Die Buntgefiederten

Die Sonne blinzelt dem Frühling zu, lacht und verführt und bringt Leben zurück ...

Drüben im Schilf ein Räkeln und Recken, ein Kreischen und schwirrendes Schwingenschlagen – die Buntgefiederten sind erwacht vom trägen Wintergehabe. Ganz stolzmacherisch tun sie jetzt. »Hier bin ich, komm' mir nicht zu nah, bleib' wo du bist!« krächzt einer dem anderen zu. Doch keiner hält sich daran. Sind sie erst so richtig in Fahrt gekommen, haben sich heiser geschrieen in sicherer Deckung, schreiten sie heraus wie Toreros, die die Arena betreten, und drehen und wenden sich und kreischen und springen in die Höh' ...

Da – ganz still steht der Hahn, richtet sich auf, wippt mit dem Spiel – und schon hat er Gesellschaft. Die Kampfhähne stehen sich gegenüber: der eine geduckt mit gestrecktem Spiel, der andere in Kampfstimmung, hochgerichtet der Stoß und aufgestellt die Federohren ...

Dann geht es Schlag auf Schlag, wirbeln die bunten Hähne wie Federbälle umher, schlagen sich die Schwingen um die Ohren, greifen mit ihren Ständern zu – und lassen wieder voneinander ab. So geht das fort, bis der mit der weißen Halskrause aufgibt, plötzlich davon streicht. Was heißen kann: Im Augenblick hab' ich genug von der Balgerei, aber ich komme wieder! Der andere Hahn schüttelt sich ein paar Mal und macht sich dann ebenfalls aus dem Staub. Als drinnen im Schilf die Hähne von ihren Plätzen melden, ist alles wieder beim Alten – vorerst. Denn bald werden sie wieder streiten um die Gunst der Hennen, die man kaum wahrnimmt bei so viel Balzgeschrei und heißen Hahnenkämpfen ...

Und so geht es fort bis in den Juni. Erst im Sommer kehrt Ruhe ein, da werden die Tage mit Aufzucht und Äsen und Umher-

wandern verbracht. Der Jäger, der im Frühjahr die Häupter seiner Lieben gezählt hat, hofft auf den Herbst, dass dann die Schar der Hähne und Hennen gewachsen ist, die Suche und Streife erlaubt …

Von den Schönberger Teichen hatten sich die Fasane fast unbemerkt bis hoch ins Nüsselmoor und die Niendorfer Tannen gezogen. Das Moor und die Hecken, die kleinen Gehölze und Felder boten damals – Jahre vor dem Autobahnbau – alles, was die Fasane zum Leben und Überleben brauchte: Wald und Wasser, Wiesen und Weizen. Mit anderen Worten: Deckung und Äsung. Von der alten Kopfweide am Rande des Nüsselmoores, meinem Lieblingsplatz, sah und hörte ich im Frühjahr dem Balztreiben der Hähne zu und träumte vom Herbst, von der Jagd, vom

Durchstreifen der Schilftümpel, der Feldbüsche und Trocken-wiesen – und vom lautstarken Aufsteigen der Hähne …

Im Sommer zur Blattzeit, sah ich die Hähne auf der Stoppel umherstolzieren, sah sie von den Feldern an der Maurine wiesel-flink in die Büsche laufen und hörte und sah die Hähne abends aufbaumen.

Dann kam der Herbst, und ich freute mich auf die Suche. Der Novembermond ließ die Buntlaubzeit im Regen versinken, und aus der Suche wurde vorerst nichts. Nach dem Regen kamen die Wolken, nachts wurde es kalt, Reif überzog morgens das Land, am Tag schmolz er dahin. Die beste Zeit für eine leise Jagd, für die Suche auf Fasan und Hase kündigte sich an.

Fred hatte Zeit, auch ich konnte von der Arbeit loskommen, und der Kurzhaar Arko freute sich, als wir aufs Rad stiegen und Richtung Niendorfer Tannen fuhren. Hinterm Nüsselmoor be-gann die Suche. Fred ging am Heckenstreifen entlang, ich lief mit-ten durch die kleine aufgelassene Wiese. Da gab der Hund ein Achtungszeichen, stand fest und zog dann noch ein paar Schritte vor. »Ein Hase wird hier in seiner Sasse sitzen«, dachte ich zunächst, »oder doch einer der Hähne?« und ging zu. Mit purren-den Flügelschlägen strich der Hahn auf und schräg von mir weg – bautz! – und Überschlag und dumpfer Fall auf den Boden. Wie ich nach einer Patrone griff, und der Hund linker Hand von mir nicht von der Stelle wich, wusste ich, dass dort Mümmelmann kauerte. Eh' ich die Patrone im Lauf hatte, rutschte der Hase aus seiner Sasse und drehte zur Hecke ab. Dort stand Fred, und mit dem zweiten Schuss rollierte der Krumme. Der Hund hatte leichte Arbeit und wurde gelobt, als wär's harte Arbeit gewesen – die konnte ja noch bevorstehen!

Weiter vorn an der Spitze, wo zwei Heckenstreifen aufeinander stoßen, gockte der nächste Hahn mit lautem Flügelschlag hoch. Beim ersten Schuss stiebten Federn, mit dem linken Lauf traf ihn Fred. Wie ein Stein fiel der Hahn zu Boden. Als ich durch die

Hecke kriechen wollte, flatterte vor mir mit krächzendem »göck-göck« der nächste Hahn durch die Sträucher. Rasch trat ich ein paar Schritte zurück – doch der Hahn war schneller ...

Da hörte ich Fred an der Längshecke mit dem Hund ins Gericht gehen. Wie ich mich durch die Hecke zwängte, sah ich, wie Fred die Flinte hoch riss aber gleich wieder sinken ließ. Dann schritt er auf den Hund zu – und hoch war der Fasan – und vorbei der Schuss! Ich lief zu ihm hin und lachte: »Zwei von den Böhmischen sind uns entwischt. Machen wir's an der Maurinewiese besser!«

Langsam liefen wir am Moor zurück, die Hecke entlang hinunter zum Maurinebach. Arco suchte und stand plötzlich fest vor. Ich ging drauf zu – und hoch stieg der Hahn und fiel im Schuss kopfüber zu Boden. Weiter suchten wir, Arco diesmal an Freds Seite. Da – Schuss und wieder Schuss! Sie galten Meister Lampe, der aus der Hecke flüchtete. »Bring – Apport!« hörte ich Freds Stimme. Unten an der Wiese, am Wasser legten wir Strecke, nahmen drei Fasane und zwei Hasen von unseren Rucksäcken und schüttelten uns gegenseitig die Hände.

Kann ein Novembertag für den Jäger im Niederwildrevier schöner sein?

Robert und der Spießer

Robert, ein korpulenter Mittfünfziger, ließ sich als frisch gebackener Jäger feiern; seine Spendierhosen schienen zur Freude aller unerschöpflich zu sein. Endlich durfte er sich Weidmann nennen, und das war Grund genug für ein weites Herz. Zu später Stunde fühlte er sich schon als Nimrod, schwelgte förmlich in jagdlichen

Zukunftserlebnissen. Gar zu verständlich, denn ein angegrauter Jungjäger möchte Versäumtes nachholen.

»Was heißt hier Spießbock?« entrüstete sich Robert, »ordentlich aufhaben muss er schon, mein Erster!« Doch als ihm mit Augenzwinkern zwei oder auch drei brave Böcke in Aussicht gestellt wurden, gab er seinen Widerstand, den keiner ernst nahm, auf. »So einen läppischen Spießer – zwei Ansitze, und ich hab ihn im Rucksack!« verkündete Robert.

Der Mai kam ins Land. Robert war an den verordneten Jagdtagen immer zur Stelle, bestieg abends und früh am Morgen die ihm zugedachten Hochsitze, trug bei der Pirsch seinen nagelneuen Sitzstock mit sich herum – doch einen Spießer brachte er nicht zur Strecke. Alle foppten ihn: »Nun Robert, wieder nichts geschossen?« Misslaunig gab er zu verstehen, dass man ihm absichtlich die besten Bockeinstände vorenthalte.

Als er nach weiteren erfolglosen Ansitzen die sprichwörtliche Flinte ins Korn werfen wollte, bot ich ihm meine Hilfe an. Warum einen Jungjäger über Gebühr zappeln lassen? »Robert«, sagte ich, »komm mit mir ins Taubenholz, dort hält sich ein Jährling auf, der abends ganz pünktlich zur Äsung ins Freie tritt.« Bei diesem Angebot stieg sein inneres Jagdbarometer, es schnellte förmlich auf ›Schön‹!

Noch früh am Abend bestiegen wir an besagtem Ort eine Leiter, mehr eine Art offene Kanzel. Vor uns die Buschwiese, dahinter ein Getreidefeld, linker Hand Dickung, rechts Stangenholz und im Rücken alte Fichten mit eingestreutem Unterwuchs. Innerhalb dieser Arena sollte Roberts erstes großes Jagdereignis stattfinden.

Kaum dass wir ein Weilchen gesessen hatten, wurde mein Jagdeleve unruhig und frug mich mit halblauter Stimme: »Wann kommt der Bock, von dem du sprachst?« Er erkundigte sich, als ob ich göttliche Gewalt über den Bock besäße, ihn so mir nichts, dir nichts herbeizaubern könne. Wenige Minuten später war seine

Geduld dahin. Erst rutschte er auf dem Sitz hin und her, dann trommelte er mit den Fingern auf die Armlehne der Leiter, stand zu guter Letzt noch auf und machte einen langen Hals wie ein Fasanengockel zur Balzzeit. Wie ich ihn am Ärmel fasste und energisch das Wort »Hinsetzen!« zuflüsterte, musste er plötzlich husten. Nun versuchte Robert nicht etwa den Reiz zu unterdrücken, nein, er wollte ihn loshaben und bellte drauf zu.

Glücklicherweise hatte es noch Zeit mit dem Bock. »Sicher wird er in der Dickung noch vor sich hin dösen oder drüben im Getreide sitzen«, dachte ich, »und Roberts Lautäußerungen – wenn überhaupt – für ungefährlich, oder gar für das Schmälen einer alten Ricke halten.«

Aber da stand doch plötzlich wie hingezaubert mitten in der Wiese ein Reh, sechzig, siebzig Gänge vor uns. Das konnte nur einer der beiden Jährlinge sein, mit denen die älteren Böcke ihr Spiel trieben. Hier auf der schon recht hochgewachsenen Wiese, fühlte sich der Jährling am Nachmittag vor seinen Peinigern einigermaßen sicher. Nun hatte ihn ausgerechnet Roberts Hustentirade auf die Läufe gebrachte. Mein junger Waidmann war noch zu sehr mit sich selbst beschäftigt, so dass er den Bock überhaupt nicht mitbekam.

Der Knopfspießer sicherte nach allen Seiten und trollte dann dem Stangenholz zu. Dort verhoffte er, äugte zur Wiesenmitte zurück, als ob von dort ein Verfolger zu erwarten wäre, und wendete sich dann wieder den schützenden Fichten zu. Da tippte ich Robert an: »Sieh', dort steht dein Bock!« Als er ihn endlich entdeckt hatte, geriet mein angehender Nimrod angesichts des schlanken Rehs am Wiesenrand in einen sonderbaren Nervenzustand, den der Weidmann ›Jagdfieber‹ nennt. Kaum das der Bock mit ein paar Hüpfern im Stangenholz verschwunden war, atmete Robert auf, fühlte sich wie erlöst von einer bösen Macht. »Wäre viel zu weit für die Brenneke gewesen und dazu noch spitz von hinten …«, beruhigte ich ihn, munterte ihn aber zugleich auf:

»Verhalte dich still, der Jährling wird bald wieder auf der Bildfläche erscheinen!«

Der unverhoffte, wenngleich kurze Auftakt und die Aussicht, dass der Abend noch nicht verloren sei, bewirkten reinste Wunder. Ganz artig saß Robert und starrte auf das Fichtenholz, als ob der Bock dort, wo er verschwunden war, auch wieder erscheinen müsste. Doch das Stillsitzen hielt nur kurze Zeit an. Meinem unruhigen Geist kam die Doppelflinte in den Sinn. Zögerlich griff er nach ihr, schob die Sicherung vor und zurück und öffnete dann den Verschluss. Bedächtig fasste er nach der Patrone im linken Lauf, schaute sich die gelbfarbene, unbeschriftete 12er Brenneke an und ließ sie dann wieder in den Lauf rutschen. »Robert«, fuhr ich ihn leise an, »wenn jetzt der Bock kommt!« … Schnapp – und zu war die Flinte. »Alle Wetter, willst du einen Bock schießen oder mit deiner Spielerei weit und breit die Rehe vergrämen? Eine Flinte ist doch schließlich kein Regenschirm!« zischte ich dem Ruhelosen ins Ohr. Die Ermahnung half, Robert riss sich zusammen und schaute wieder in Richtung Stangenholz.

Wenige Zeit später hörte sich's neben mir im Altholz wie Tritte auf trockener Nadelstreu an. Ein Dürrast brach leise, dann raschelte es im Birkenanflug. Nun sah ich die schlanke Rehgestalt, einer der geringen Jährlinge war's, vorsichtig zog das Stück der Wiese zu. Robert nahm all das nicht wahr, unentwegt starrte er auf das Stangenholz. Nach einem Weilchen stupste ich ihn an, denn nun stand der Knopfspießer bereits am Wiesenrand: »Da, schau ihn dir an!« In meinen Jungjäger kehrten alle bösen Geister von vorhin zurück. Vor Aufregung wusste er nicht, was er tun sollte – zum Gewehr oder nach dem Glas greifen? Ich half ihm: »Erst ansprechen!« Doch als er den Bock endlich eingefangen und ausgiebig beäugt hatte, wandte er sich mir zu und meinte, dass das doch kein Bock sei, was da auf der Wiese stände.

»Schau ihn dir genau an«, flüsterte ich ihm zu, »richtige Spieße wirst du nicht entdecken, aber die kleinen Rosenstöcke mit den

Haarbüscheln obenauf verraten den Bock.« Robert schaukelte mit dem Glas hin und her. Legte es dann beiseite und bestätigte mir: »Glaub' schon, dass es stimmt, hätt' das Stück glatt für ein Schmalreh gehalten.«

Wie der Bock sich in Bewegung setzte und schräg auf unsere Leiter zugezogen kam – immer näher und näher – bedeutete ich Robert, die Doppelflinte in die Hand zu nehmen. Doch oh Schreck, dieses Zeichen löste bei ihm neuerliches Jagdfieber aus. Sein ganzer Körper bebte und obendrein reizte es den Ärmsten wieder in der Kehle: ein ersterbendes Röcheln und Niesen – was dem Jährling vor der Leiter zu viel war. Schimpfend entfernte er sich in Richtung Getreide. Als von dem Bock nichts mehr zu sehen noch zu hören war, stellte sich auch Roberts Normalzustand wieder ein.

Wir blieben sitzen, noch war der Abend jung, und so richtig los ging's ja auf der Buschwiese erst mit den älteren Semestern. Schließlich sollte Robert nicht bloß einen Bock zur Strecke bringen sondern das ganze abendliche Geschehen in sich aufnehmen.

Lange brauchten wir auf Abwechslung nicht zu warten. Aus der Dickung traten nacheinander zwei junge Sechser, und die wollten zeigen, was in ihnen steckt. Wie Kampfhähne, wie Zirkuspferde gingen sie aufeinander los, schoben sich hierhin und dorthin, jagten sich im Übermut der Jugend hin und her. Plötzlich stutzen die beiden Böcke und äugten nach dem Getreidefeld. Da raste auch schon ein Reh ins Freie, stichgerade auf unsere Leiter zu. Hinterdrein folgte ein zweites, ein stärkeres Stück, das langsamer wurde, verhoffte und auf halber Wiese kehrt machte, sich für die jungen Sechser nicht interessierte.

Mein grauhaariger Jungjäger hockte da wie von einer Schlange gebannt, als ich ihm zu verstehen gab: »Das Stück vor uns ist der Spießer, beeil' dich, eh er ins Holz flüchtet!« Der Bock hielt aus, Robert fasste sich ein Herz, zwang sich zur Ruhe, zielte und zielte – drückte endlich ab …

»Hab ich getroffen?« vergewisserte er sich. »Leider nicht«, lautete meine Antwort, »auf zwanzig Schritt glatt vorbei. Der Bock ist mit dem Schrecken davon gekommen. Hörst du ihn schimpfen?«

»Was machen wir nun?« erkundigte sich Robert mit kleinlauter Stimme, »wird der Bock morgen wiederkommen?« »Steigen wir erst mal von der Leiter, das Weit're findet sich«, beruhigte ich den unglücklich dreinschauenden Schützen. Wie wir uns so fünf, sechs Schritte von der Leiter entfernt hatten, blieb ich stehen und schaute Robert fragend an: »Wäre es nicht richtiger, den Anschuss zu untersuchen, eh' wir uns auf den Heimweg begeben?« »Hm, ja, eigentlich schon«, entschuldigte sich mein junger Weidmann, »aber du hast doch den Bock nach dem Schuss abspringen sehen …«

Kurz und gut, wir gingen zurück zur Leiter, und ich gab die Richtung an, in der Robert gehen sollte. Forsch schritt er los, wenig später ein freudiger Aufschrei – fast wäre er über den Bock gestolpert!

Lang wurde der Abend. Ein glücklicher Jäger schaute bei jedem Gläschen, das dem »Ersten« galt, verstohlen nach dem Hut mit dem Schützenbruch.

Der Widderbock

Gleich hinter dem Dorf am Grünen Berg, dort wo Alteichenhorst und Pflaumengraben dem Feld die Gradlinigkeit nehmen, kannte ich einen alten Bock – stark im Gebäude und gehörnt wie ein junger Widder. Bereits im Vorfrühling, als das Feld noch braun und Bäume und Sträucher noch kahl waren, hielt sich der im Kopfschmuck aus der Art geschlagene – so zumindest glauben wir Jäger das beurteilen zu müssen – in diesem Winkel des Reviers auf. Morgens drückte sich der Bock an der Feldhecke am Pflaumengraben herum, zog mit dem Schürzenwild zu den Eichen und machte sich dort, wie die vielen frischen Schlagmale zeigten, an den Holunderbüschen zu schaffen. Dann schätzte er wieder die Gesellschaft der Rehdamen und folgte ihnen wie ein Lamm ins nahe Holz, das man den Grünen Berg nennt.

Von einer entfernteren Hecke, die sich zum Schwarzberg hinzieht, beobachtete ich mehrmals das Zu-Holze-Ziehen der Rehsippe. Zugegeben, der Bock reizte mich, und mit zwei Ansitzen am Morgen schaffte ich mir ein Vorgefühl auf den späten Mai, wenn sich der Widderbock in der roten Sommerdecke präsentieren würde. Meine Neugier war so groß, dass ich mehr von seinen Hinterlassenschaften entdecken wollte, sozusagen als Bestätigung der Gewohnheiten im Inneren seines Einstandes.

Tief in das Heiligtum des Bockes brauchte ich nicht einzudringen. Gleich hinter den Schwarzkiefern am Rand des Grünen Berges, im vergrasten Anflug von Ahorn und Eberesche fand ich Plätzstelle neben Plätzstelle und da und dort zerschundene Stämmchen. Hier also verweilte mein Rehwidder, bevor er abends ins Freie trat und morgens in Richtung alter Weinberg weiter wechselte. Dass sich daran bis zur Schusszeit nichts ändern würde, darüber war ich mir sicher. Wer gibt schon ohne Grund seine festen Gewohnheiten auf? Zwar wird sich dann der Bock nicht mehr so ungeniert zeigen wie jetzt im Vorfrühling, doch dieser Umstand gehört ja zum Reiz allen Jagens, dass es nicht zugeht wie auf dem Scheibenstand.

Das Dorf liegt noch im festen Schlaf, da beginnt mein Tag. Auf leisen Sohlen stehle ich mich an Nachbars Hofhund vorüber, trete erst im Wald fester auf und richte mich hinter einer Schwarzkiefer für längere Zeit ein, drücke meinen Sitzstock hinter Vogelbeerschossern fest in den Waldboden. Von dieser Stelle kann ich das

Feld rechts und links der Hecke einsehen, auch halbrechter Hand die Eichen und den Ackerstreifen, der sie vom Wald trennt. Ein Gemisch von Gefühlen regt sich, eine Mischung von Jagdlust und Naturbesinnung.

Und das ist es, was den heutigen Jäger von seinen Urvätern und den Naturschwärmern und Naturschützern unterscheidet: Obwohl alles Tun und Denken der Jagd gehört und auf deren Ziel gerichtet ist, lässt das Naturgefühl, das die Romantik hervor gebracht hat, die Lust auf die Jagd, den inneren Drang, den Wunsch Wild zu begegnen, in einem ganz anderen, einem freundlichen Licht erscheinen.

Der Naturliebhaber, dem es gleichgültig ist, ob er an dieser oder jener Stelle mit dem Rehwild zusammentrifft, ob der Bock ein alter Haudegen oder ein Jüngling mit dünnen Stangen ist, wird nicht empfinden – und es wird von ihm ja auch nicht erwartet – was im Jäger vorgeht, wenn er mit Jagdwild in Berührung kommt. Er kann nicht begreifen, dass sich echte Jagdlust vom »Schießertum« sauber unterscheidet, dass der Jäger durch seine Passion zum Bewahrer, zum Schützer der freien Kreatur an sich wird.

Mit den ersten Sonnenstrahlen breitet sich ein duftiger Frühlingsschleier aus – Zeit fürs Rückwechseln der Rehe aus dem Feld, Zeit für gespannte Aufmerksamkeit. Jetzt gibt es kein beschauliches Verlieren in Gedanken mehr. Das Rucksen des Taubers im Astgewirr der Eichen, das Tirilieren der Amseln, das Locken der Kleiber und die Lerchenlitaneien sinken augenblicklich zur Begleitmusik herab. Auf und ab gleiten die Augen, suchen hin und her. Doch kein vorwitziger Jährling, kein Rehfräulein sorgen für erste Unruhe. Endlich kommt mit sachten Schritten die Erlösung in Gestalt eines Rehs daher gezogen. An der Hecke tut sich etwas, ein roter Rücken wird sichtbar, nimmt Gestalt an – und verschwindet wieder in den Sträuchern. Ein gutes Zeichen, das Kontrollieren der Hecke! Nun könnte eigentlich alles ablaufen wie voraus gedacht … so hoffe ich zumindest.

Nur wenige Minuten später tritt das Stück an der Spitze des Pflaumengrabens mir halb zugewandt ins Freie. Ohne das Glas in die Hand zu nehmen, bin ich mir sicher, greife zum Drilling und warte auf einen günstigen Augenblick. Der Bock aber hält in seiner Stellung aus – unentwegt sichert er in eine Richtung – und aus der Ruhe heraus prescht er los, in tiefer Flucht geht's über das Feld. Entwischt im besten Augenblick! Zu früh hat das Jägerherz frohlockt! Doch ich werde in Spannung gehalten; von der Anhöhe hastet eine leuchtend rote Rehgestalt der Hecke zu auf das dunklere, stärkere Stück. Durch das Glas erkenne ich einen Spießer, und der Verfolger, der dem Vorwitzigen auf die Läufe half, ist mein Widder.

Vorbei der Spuk – Abschluss des Jagdmorgens? Oder wird der aufgebrachte Alte nach erfolgter Zurechtweisung des Jährlings in meine Nähe zurückkehren? Die Hoffnung auf meinen Widderbock hält mich fest und der taufrische, leuchtende Frühlingsmorgen nicht minder. Zweifel kommen auf: Vielleicht geht am nächsten Morgen alles viel gelassener zu, der Bock wechselt stichgerade auf meinen Ansitzplatz zu – denke ich und baue darauf.

Doch da lenken mich ein paar daher hoppelnde Mümmelmänner ab, die vor meinen Augen ihre Haschereien veranstalten. So sehr ziehen mich die Buckligen in ihren Bann, dass ich nur ganz zufällig bemerke, was rechts bei den Eichen im Feld vorgeht: dort äsen in der jungen Luzerne zwei Rehe …

Die Hasennarreteien zählen nicht mehr, die Gedanken um den nächsten Morgen sind zerstoben. Gebannt starre ich auf die beiden Rehe. Flüchtig streife ich mit dem Glas über beide Stücke. »Dacht' ich's mir doch! Warum soll der Bock eines Jährlings wegen den Tag über im Feld zubringen, wenn es Ruhe und Schatten im Unterholz gibt?« Gute 150 Schritte mochten uns trennen. Der Zurückerwartete hatte also den Weg über die Anhöhe hinter den Eichen genommen und sucht nun hier die Gesellschaft eines der Schmalrehe.

Jetzt kommt Bewegung in den Rehkörper, jetzt zeigt er mir sein Blatt … und Schuss und Ruhe, kein Fortflüchten. Lange halte ich's auf meinem Platz nicht aus. Mit raschen Schritten erst, dann immer vorsichtiger, gehe ich auf die Stelle zu, wo der Bock liegen müsste. Im Gras vor den Eichen sehe ich's rot schimmern, sehe meinen Widderbock wie zur Flucht hingestreckt.

Die Nachtigallen schweigen längst, als ich meinen Weg feldein zum Schwarzberg nehme der Sonne entgegen. Oft bleibe ich stehen, drehe mich um, schaue zu den Eichen, dort, wo mein Widderbock zum Ausschweißen hängt.

Wie ich so zulaufe, übersehe ich ihn fast im grellen Gegenlicht, den Bock, der ganz frei unterm alten Feldbirnenbaum plätzt. Der junge Herr mit der braven Sechserkrone ist mit Eifer bei der Sache, so dass er von meinem Kommen keine Notiz nimmt, auch dann nicht, als er aufwirft und nach allen Seiten hin sichert. So ungestört, so sicher fühlt sich der jugendliche Draufgänger. Dann noch ein übermütiges Auf und Nieder des Kopfes – und ab geht's in Richtung Schwarzberg, der eigentlich nur eine kleine Erhebung im freien Feld ist.

Nicht eben elegant, mehr staksig und ungelenk verlässt der junge Sechser die Bühne. Ich sehe ihm nach, bis er in der Deckung verschwindet, höre auf das leise Knacken der Dürräste und warte noch ein Weilchen, um ihn bei seinem Vormittagsbummel nicht zu stören.

Weiter nichts als ein herzerfrischender jagdlicher Frühlingsmorgen, der sich allzu rasch im Alltagsgeschehen auflöst? Ganz im Gegenteil: das Gehörn meines Widderbocks bleibt mir als vergegenständlichte Erinnerung, bewahrt den blühenden Mai im Sauener Feld vor dem Vergessen.

Faule Zeit

Im Juni werden die Böcke feist, und in der ersten Julihälfte sind sie gut bei Leibe und schon deshalb nicht mehr so mobil wie im Frühjahr. Sie halten sich zurück mit viel Umherwechseln, denn ihr Territorium ist abgesteckt und so ziemlich sicher. Darüber hinaus schützt sie die hohe Vegetation vor den Augen der Jäger. Das sind auch die Gründe, dass sich ab Juni ein Drauflosjagen wie im Frühjahr – an Wiese und Feld ansitzen, pirschen und wieder da und dort eine Weile hocken und weiter geht's – verbietet. Mit überall sitzen oder gar Querbeetpirschen zerstört man das Netz der Lebensgewohnheiten der Böcke. Sie werden vom Jäger ungewollt »umhergetrieben«, halten sich schließlich zu schussgerechter Zeit dort auf, wo sie der Jäger nicht erreichen kann – im Getreide oder beim Nachbarn, der Ruhe hält im Revier. Zur Feistzeit ist vom Jäger jagdliche Disziplin gefragt, und das umso mehr, je kleiner das Revier bzw. der zur Verfügung stehende Pirschbezirk.

Die Stellen, wo der Bock die Runde macht, sein Revier kontrolliert, die er immer wieder anläuft, wo er viel plätzt und sich an Sträuchern mit seinem Gehörn zu schaffen macht, gilt es heraus zufinden: am Rand kleiner Unterwuchshorste im hohen Holz, wo Licht hinkommt und Äsung wächst, oder auf kleinen Wiesen mit Strauchgruppen. Auch bewachsene Gräben mit Freistellen, die durch kleine Wiesenflecken führen, bewachsene Schläge trennen, sich durch Jungwuchs schlängeln oder durch Waldbestände unterschiedlichen Alters ziehen. Auch vom Waldrand auf Schussentfernung einsehbare Frei- oder Lagerstellen im Getreide darf man nicht außer Acht lassen. Was noch wichtig zu wissen ist: Böcke ziehen und sitzen mit Vorliebe in Waldorten, die eine warme Unterlage, ein dickes Laub- oder Nadelstreupolster haben. Dort plätzen und schlagen sie auch viel, und an den Plätz-betten und zerschundenen Stämmchen, die auch weiter entfernt zu finden sind, lässt sich ihr Wechsel feststellen. Es gibt Orte, wo sie jahraus, jahrein mit Vorliebe plätzen. Diese Winkel im Revier, die den Bock wie mit unsichtbarer Kraft anziehen, muss der Jäger kennen …

In den Niendorfer Tannen im Schönberger Land fiel mir beim Reviergang solch ein Flecken auf. Inmitten von dichtem Laubholz, nur wenige Schritte vom Weg entfernt, befand sich ein Fichten-schopf von kaum 50 Quadratmeter. Eine fast unauffällige Plätz-und Schlagstelle machte mich bei einer der ersten Runden im neuen Revier darauf aufmerksam, dass viel los sein musste im Inneren des Holzes. Und tatsächlich, der Boden des Fichtenaltholzes war regel-recht zerplätzt, alte und ganz frische Betten. Hier musste ein nicht mehr ganz junger Bock ganze Arbeit geleistet haben. Aufgrund der Kleinheit des Fichtenkopfes, abgeschirmt von dichtem Laubholz, schied dort ansitzen von vornherein aus. Der Wechsel, so stellte ich fest, führte geradewegs ins Rübenfeld. In dem lehmigen Boden fand sich dann seine Visitenkarte: starke Tritte an der Feldkante. Dass der Bock auf dem freien Schlag nur bei schwindenden Büch-senlicht erscheinen würde, war mir klar. Also hieß es, vom Weg einen Krähenfuß in Richtung Fichten zu schneiden.

Drei Tage ließ ich Ruhe, länger wollte ich nicht mehr warten, die Neugier war zu groß. Auf meinem Sattelstock hockend, sah ich zwei Abende nichts, entschied mich deshalb für den Morgen-ansitz. Es wurde hell, es wurde sechs, es wurde sieben – nichts rührte sich. Doch dann wurde es lebendig, junges Laubholz schüttelte sich, wurde gebeutelt – und schon stand der Bock frei, kaum zwanzig Schritt im Krähenfuß. Ganz, ganz langsam hob ich meine 16er Flinte und sah im Zielfernrohr fast glatte, dicke Stum-pen. Im Schuss noch eine Flucht, dann leichtes Schlegeln, dann Ruhe. Ein ganz alter Rücksetzer war's, den ich aus dem dichten Unterholz aufnahm …

In der Nähe solcher oder ähnlicher Örtlichkeiten muss der Jäger ansitzen, sozusagen an den »Haltestellen« der Böcke. Plätze an schmalen Wiesenschlenken sind meist schlechte Plätze, denn dort küselt der Wind. Entweder lässt sich der Bock bei Anwesenheit des Jägers erst gar nicht sehen oder verschwindet nach den ersten paar Schritten ins Freie gleich wieder. Wo weder Plätznoch Schlagmale zu finden sind – mag der Ort auch noch so empfänglich sein fürs Auge – braucht sich der Jäger nicht erst häuslich niederlassen. Die Beschaffenheit des Geländes entscheidet darüber, ob ein Bodensitz genügt – ein provisorischer Schirm aus Strauchwerk der Umgebung zusammen gesteckt – oder ein hoher bzw. erhöhter Sitz den Zweck besser erfüllt (um in den oder über den Bewuchs bzw. in die Fehlstellen des Getreides sehen zu können). Bei der Standortwahl des Sitzes ist die Beachtung des Windes – der Jäger muss unter Wind dahin kommen können –, von dort die Wechselrichtung des Bockes im Auge und dabei guten Wind haben. Aus dem Gesagten wird klar, dass für den Ansitz auf den heimlichen Sommerbock nur wenige Stellen im Revier infrage kommen, die der Jäger nur bei passendem Wetter beziehen darf, um Erfolg zu haben. Und noch etwas: Der Jäger darf beim Ansitz zur Feistzeit vom nicht mehr ganz jungen Bock keine preußische Pünktlichkeit erwarten.

Taufrische Morgen sind die besten für den Ansitz. An Berghängen braucht der Jäger seinen Ansitzplatz erst nach 6 Uhr zu beziehen, da besonders ältere Böcke früh in den Talgründen stehen und erst bei steigender Sonne die Hänge hochziehen. Dort kann er sie im oberen Drittel beim scheinbar vertrauten Äsen, Plätzen oder Schlagen für Minuten zu Gesicht bekommen, bevor sie sich hinter schützendem Strauchwerk wieder niedertun oder dem nahen Einstand zuwechseln. An den heißen Tagen der ersten Sommerwochen äsen Rehe nur kurze Zeit, legen gern zwischendurch ausgedehnte Ruhezeiten ein. Deshalb wirkt an trocken-heißen Abenden und taulosen Morgen das Revier wie ausgestorben.

Bei solchem Wetter bleibt der Jäger besser zu Hause, wartet lieber auf die Nachgewittersonne, die auch den alten Bock ins Freie lockt auf kleine, freie Stellen im Wald wie im Feld. Auch den Morgen danach darf der Jäger nicht verschlafen, er wird überrascht sein, was in der neunten Stunde noch alles auf den Läufen ist …

Vom Birkensitz aus sah ich im Mai an der Sauener Grenzhecke für Augenblicke einen Bock ziehen, stark im Gebäude, noch völlig grau, und zwischen den Lauschern schien mir alles Gehörn zu sein. Das Getreide stand fest auf dem Halm, wuchs rasch in die Ähren und verschluckte den Bock.

Im späten Juni hatte sich das Blatt gewendet; Sturm hatte Lagerstellen ins Getreide gerissen und Einblicke geschaffen. Bei hochsommerlichen Temperaturen saß ich mehrmals abends auf meiner Birkenleiter, sah Ricken, die kurz auf die Lagerstellen traten und wieder verschwanden – doch mehr sah ich nicht. Dann zog Gewitter auf, es goss in Strömen, und am Abend war der Himmel wieder blitzblank. In der Nacht darauf schlich ich zu meinem Birkensitz, wollte den Bock auf keinen Fall vergrämen. Als es zu schummern begann, zogen zwei Rehe rasch über die Lagerstelle neben dem Sitz – Ricke und Bock, das konnte ich erkennen. Stunde um Stunde verging – ich hielt aus und wurde dafür belohnt. Die Morgensonne stand schon hoch, da regte sich etwas am Waldrand kaum dreißig Meter von mir entfernt. Das Schmalreh zeigte sich, Schritt für Schritt zog es ins Getreide und verhoffte auf der ersten Lagerstelle. Längst lag der Drilling halb im Anschlag – augenblicklich musste der Bock erscheinen – und da stand er auch schon wie hingezaubert! Im Schuss hörte ich noch das Schmalreh abspringen …

Als ich dann auf die Lagerstelle zuging und mich zu dem Bock hinunter beugte, erkannte ich den Achter, der mich im Vorjahr an der Nase herum geführt hatte.

Wenn die Rehbrunft beginnt

Heumond nannten unsere Altvorderen den Juli, und das hieß Ernte halten auf den voll blühenden Bergwiesen zur Vorsorge für den Winter. Ernte halten will auch der Jäger und hält darum Ausschau nach dem starken Sommerbock, stark im Gebäude und im Gehörn.

In der ersten Julihälfte ist das mit der Jagd so eine Sache. Die Böcke sind feist und nicht mehr so mobil wie im Frühjahr. Die älteren unter ihnen halten sich zurück mit unnützem Umherwechseln, die Umgebung ihres Einstandes ist ihnen heilig. Reichlich Äsung gibt's dort und Ruhe. Warum also schon zu früher Abendstunde schutzlos ins freie Feld wechseln? Die Nacht ist dafür die bessere Zeit. Ganz anders dann das Verhalten der älteren Herren nach der Monatsmitte, wenn die Feistzeit ihrem Ende zugeht, die Brunft sich ankündigt.

Am Liepen-Berg, dort wo Wald und Feld zusammen treffen, fährtete sich gegen Ende der Feiste ein starker Bock. Zeichen hinterließ er wie ein junger Hirsch. Vom Holz zog er durchs Getreide vorbei am Feldbusch hinunter zur Wiese. Der Wiese mit ihrem Umfeld galten seine nächtlichen Besuche, Einstand hielt er je nach Wetterlage und Tageszeit im Getreide, im dichten Unterwuchs am Waldrand oder im Laubholz über dem Buddelbergweg, so reimte ich's mir jedenfalls zusammen. Am Mittelweg, den er bei seinen Umgängen kreuzen musste, waren mir zwar einzelne Plätzbetten aufgefallen, doch schenkte ich ihnen keine große Aufmerksamkeit, da mich im Frühjahr an den Hecken im Feld die Knopfer interessiert und beschäftigt hatten. Wochen später sah ich mir dort die Sache etwas genauer an: in einer Laubholzinsel, die der wenig befahrene Weg teilte, waren auffallend viele Plätzstellen zu finden, aber seltsamerweise wenig frische Schlagmale.

Mein Plan war einfach: oben am Hang machte ich mir einen Platz zurecht. Am Morgen noch im Graudunkel klappte ich dort meinen Sitzstock auf, steckte sicherheitshalber ein paar unterwegs gebrochene Äste in den Boden und wartete schläfrig vor mich hin. Heller und heller wurde es, immer besser der Blick durch die Kiefernstämme zum Strauchwerk, dem Ort, wo ich den Bock erhoffte.

Endlich ein feines Knacken im freien Kiefernholz links von mir. Ein Reh tauchte auf, ein Schmalreh und zog gemächlich an mir vorüber. Hinterdrein dann ein zweites Stück, viel stärker, tiefrot und mit Gehörn. Das Herz klopfte rascher – beruhigte sich aber gleich wieder: ein mittlerer Sechser stiefelte der Rehjungfrau nach. Wenig später am gleichen Ort das gleiche Geräusch: wieder ein Reh neben mir und wieder folgte ein Bock. Wenige Schritte ging er zu, verhoffte, kam näher und zog von mir weg. Ein Jährling war's, ein ganz und gar braver.

Hinter mir auf dem Buddelbergweg näherte sich das erste Feld-fahrzeug, ein zweites kündigte sich an. Noch wollte ich aushalten und starrte unentwegt auf die Stelle, wo der Bock meiner Mei-nung nach auftauchen musste, er kam wie erwartet – plötzlich stand er da, ganz frei, und äugte in meine Richtung, trat einen Schritt zur Seite und verschwand im grünen Blättermeer.

Vorbei für heute der Traum vom starken Bock ... oder doch nicht? Da hörte sich's wie Plätzgeräusch an, ich sah förmlich die Fetzen durch den Unterwuchs fliegen, so hantierte der Bock da unten! Wird er wieder zurückwechseln ins Getreide oder auf mei-ner Seite herauf ziehen, der Laubholzdickung übern Buddelberg zu?

Das sind Augenblicke echter innerer Spannung, Augenblicke eigentlicher Jagd, wo es kein Abschweifen, keine Gedanken-sprünge in den Alltag gibt!

Die Ungewissheit wich. Aus den Sträuchern lugte ein gehörnter Kopf hervor, noch ein, zwei Schritte – jetzt gab er sich zu erkennen, zeigte sich in seiner vollen Größe. Im Knall ein Wenden und tiefes Zurückfahren in die Deckung – Minuten später stand ich vor einem meiner Besten, einem Bock, wie man ihn sich erträumt: dunkelbraun gefärbter und bis in die Sprossen geperlter Sechser, der schon im Rücksetzen begriffen war.

Um die Julimitte geht es im Rehwildrevier wieder lockerer zu. Die älteren Böcke geben ihr geruhsames Dasein auf, werden regelrecht unvorsichtig angesichts brunftiger Ricken. Doch ihr Revier bleibt ihnen heilig, in ihm halten sie sich mit der Angebeteten auf, bis die Pflicht erfüllt ist und ein anderes Stelldichein lockt. Zum Blatten taugt diese Zeit noch nicht; mitunter fällt ein junger Bock auf den Schwindel rein. Erst wenn Ende Juli die Brunft ihren Höhepunkt erreicht hat, die meisten Ricken bereits beschlagen sind, die älteren Böcke nach brunftigen Stücken suchen, gar ihre angestammten Territorien verlassen, beginnt die eigentliche Blattjagd – lohnt sie vor allem!

Auf einen schwarzen Sechser hatte ich's abgesehen. Als er sich im Mai in der Teichwiese hinterm Kadelhof abends und morgens den Pansen voll äste, trug er noch sein graues Gewand. Ganz verfärbt sollte er sein, hatte ich mir in den Kopfe gesetzt. Im Juni war er von der Bildfläche verschwunden, nur junge Böcke hielten sich in der Wiesenschlenke auf. Doch dann entdeckte ich meinen schwarzen Sechser rein zufällig während der Nachsuche auf eine Sau etwa zweihundert Meter von der Teichwiese entfernt hinter dem Lehmhügel. Im verwachsenen Robinientümpel schien er die heißen Tage zu verbringen.

Da war guter Rat teuer. Ringsum hohes Getreide, im angrenzenden Feldholz der Unterwuchs ein Dschungel, und die einzige freie Stelle lag im Küselwind! Also hieß es warten bis zur Brunft, bis das Getreide vom Halm war. Ende Juli konnte ich mir dann Hoffnungen machen. Auf der Stoppel richtete ich mir einen Platz mit Blick zum Robinientümpel und zum Rand des Feldholzes ein. Mit dem Blatten hatte es noch Zeit bis zum Dämmerlicht.

»Vielleicht«, so dachte ich, »lockt eine Ricke den Gesuchten ins Freie, dann wäre voreiliges Fiepen von Übel.« Doch weder Ricke noch Bock ließen sich blicken.

Dann plötzlich tiefe Schrecklaute im Holz – gleich darauf tauchte am Kiefernsaum ein Reh auf, äugte zurück, schmälte nochmals kurz und verschwand wieder. Wenig später lautstarkes Brechen von Dürrholz und rumoren an der Suhle. Die Schwarzkittel waren also die Ursache für das Schrecken. Ungeniert zog gleich danach eine Bache mit ihren Frischlingen ins Feld, stöberte in den Strohschwaden herum und verdrückte sich schließlich mit ihrem Nachwuchs in Richtung Robinienhang.

Die Sauen fort – von Bock und Ricke keine Spur – die Versuchung zu blatten war groß aber ein Wagnis angesichts der Störung durch die Schwarzkittel. Doch ich wollte es wissen, nahm eines meiner Strohpfeifchen zur Hand und lockte mit schmachtenden Fieplauten den Bock. Der mochte sich so über die Sauen geärgert haben, dass er das Locken als willkommene Entschädigung empfand und geradewegs ins Feld gestürmt kam. Im Zielfernrohr erkannte ich zu meinem Erstaunen nicht den Bock mit den pechschwarzen Stangen sondern eine Ricke. »Etwas zu fein gelockt in der Aufregung«, ärgerte ich mich.

Aber da stand doch noch ein Reh, das die Ricke in Bewegung brachte! Ich strich am Zielstock an, erkannte den Schwarzen und fasste ihn hinters Blatt, als er von der Ricke abließ, sich hochreckte. Die Ricke flüchtete ins Feld, der Bock musste also liegen. Die Zeit drängte, so ging ich auf den anvisierten Anschuss zu und fand dort nichts. Auch rechts und links davon weder Schusszeichen noch Bock. Ratlos stand ich auf dem Feld und schaute zurück zum Ansitzplatz – sollte die Entfernung im Feld getäuscht haben? Im Pirschschritt ging ich in Richtung »Merkbaum« weiter und wär' nach wenigen Schritten fast über den Bock gestolpert – in einer Bodenvertiefung lag er wie zum Schlaf zusammen gerollt …

Nichts mehr verspürte ich von banger Ungewissheit, nur Freude über den alten Sechser mit Stangen, schwarz gefärbt wie die Kruken einer Latschengams, den ich der Bache zu verdanken hatte und meinem Strohpfeifchen, das mich selten im Stich gelassen hat.

Sommersauen

Sommersauen, das sind die hochläufigen jungen Burschen, die im milchigen Weizen ihr Unwesen treiben und sich nach getaner Arbeit wieder verdrücken. Sommersauen, das sind aber auch die Bachen, die mit ihren halbwüchsigen Frischlingen tagsüber im Roggen stecken, nachts den Hafer heimsuchen und dort nach Herzenslust herumwirtschaften. Gemeint sind aber auch die Keiler, die in stockdunkler Nacht den Kartoffeln gehörig zu Leibe rücken.

So sehr sich der Jäger bei all den Sauen-Schikanen die Haare raufen könnte, so sehr liebt er die Anwesenheit der Schwarzkittel. Jagdliches Verlangen ist's, nicht pure Schussbegierde, nicht Beute an sich, denn Jagd ist keine seelenlose Tätigkeit. Jagd hat etwas mit stimmungsvoller Erwartung zu tun.

… Heißer Juli. Das Getreide stand in der Reife, und im Roggen zwischen Liepen-Berg und stillgelegter Bahnstrecke hatten sich die Sauen festgesetzt, unternahmen von da aus ihre Streifzüge. Auf dem Weg, der die beiden Schläge trennte und dem Wiesenflecken am Ausbau fanden sich morgens ihre Hinterlassenschaften: »Trittbahnen« im Sand, die nicht zu übersehen waren. Schaute man vom »Feldherrnhügel«, dem alten Scheunenplatz, übers Getreide, sah alles ganz freundlich aus. Ging man der Sache etwas näher auf den Grund, folgte den Fahrspuren ins Innere, zeigte sich die Bescherung: Lagerstellen und Kessel zuhauf. »Warum sich einengen, wenn viel Platz zur Verfügung steht?« mögen sich die Sauen »gesagt« haben. Ebenso großzügig hielten es die Schwarzkittel mit dem Wechseln. Zeigte sich oben am Graben hinterm Feldbusch die Überläuferrotte, zog sie tags darauf ganz bestimmt am unteren Wiesenrand ins Freie.

Hatte man sich an diesem Platz eingerichtet, spielte sich trotz der Hitze alles im »Hanggetreide« ab. Und die Bachen mit ihren Frischlingen erst! Mal kamen sie einzeln vor den Überläufern, mal blieben sie bis zu stockdunkler Nacht im Roggenfeld, um dann als geballte Kraft auf der Wiese herum zu toben. Dann wieder kam eine Altbache mit ihrem Nachwuchs zu Zeiten, die eigentlich dem Rehwild gehörten. Summa summarum: Ob da oder dort, ob abends bei gutem Licht oder zu später Stunde, ob rasch oder bedächtig – über den Hügel zum Hafer hin ging's immer. Also hieß es dauerhaft sein, einen festen Platz beziehen. »Wenn nicht gleich am ersten Abend, am zweiten, spätestens am dritten musste eine der vielen Sauen-Gesellschaften vors Büchsenrohr laufen«, dachte ich und entschied mich für den zugewachsenen Tümpel. Von da aus war Sicht über die teilweise aufgelassene Wiese, man konnte die Sauen aus dem Getreide kommen hören und sie mit schussbereitem Drilling in der Hand erwarten oder –zogen sie am letzten Zipfel der Wiese aus – angehen.

Um keine Unruhe zu stiften, bezog ich meinen Platz noch zu rehgerechter Zeit, drückte den Sitzstock neben einer Weide in den Boden und lieferte mich den Mücken aus, die trotz Vorsichtsmaßnahmen mit mir ihr Spiel trieben. Abwechslung kam auf, als eine Ricke am Getreiderand auftauchte und die ganze Front herauf und herunter beäste. Und das bedeutete für mich: keine Sauen im Anmarsch. Weit entfernt, hinterm Feldbusch am Graben begann ein Reh zu schrecken. Sollten die Sauen grad' heute an dieser Stelle auswechseln? Die Versuchung, eben mal nachzusehen, war groß. Doch wo man sitzt, dort sollte man bleiben. Noch war ja

Zeit, noch konnten sie den Weg zu mir finden. Da warf die Ricke auf und äugte zum Getreide hin. Die Sauen – nein – ein Bock – auch nicht – ihr Kitz erschien.

Zum Weg hin, im hohen Gras- und Strauchgewirr bewegte sich etwas. Ein roter Schimmer, ein Reh zog geduckt in meine Richtung, wurde größer und größer, kam näher und näher – erstarrte wie zur Salzsäule – da hatte er mich weg, der Bock. Förmlich herum riss es ihn. In rasender Flucht ging's im Bogen über die Wiese, dann in den Getreidehang hinein. Dort verhoffte er, und das Schimpfen begann, er schreckte, was die Lunge hergab. Eben in diesen Augenblicken schoben sich am Wiesenende ganz nah am Weg die Sauen aus dem Getreide, ein Überläufer nach dem anderen. Wie ein ungeordneter Haufen standen sie da, das Schreckkonzert des Bockes mochte sie irritiert haben. Dann fassten sie wieder Tritt, ab ging's ins nächste Getreide.

Bock weg, Sauen weg. Ich tröstete mich mit den Bachen, die ja eigentlich noch kommen müssten. Die Mücken plagten mich ohne Unterlass, als ob sie mich zwingen wollten aufzugeben. Da schreckte halb seitwärts im Roggen ein Reh. Ein zweites Stück stimmte ein, und das Schreckkonzert wollte kein Ende nehmen. Ein feines Quäken ganz in der Nähe ließ mich aufhorchen – die Bachen kommen! »Zeit haben sie sich gelassen, Zeit wird es«, redete ich so vor mich hin.

Endlich, ein spitzer Sauenkopf lugte aus dem Roggen, um gleich darauf wieder zu verschwinden. Wenig später kam der ganze »Graukittel« zum Vorschein: schlank und groß. Stockstill stand die Bache da, und dann ab im leichten Lauf in die Wiese, die Frischlinge hinterdrein. »Nicht Dampf machen auf den erstbesten Frischling, einen der letzten, der mit etwas Abstand folgt, ins Auge fassen«, redete ich in Gedanken vor mich hin. Vor Grasbüschen, denen die Frischlinge ausweichen müssen, verhoffen sie oft einen Moment, und den muss man nutzen. So kam es auch. Einer der Frischlinge stolperte hinterher, wollte den Anschluss nicht verpassen, stutzte vor einer Graskaupe – da fasste ich ihn. Keinen Schritt machte er mehr.

Die Bache indes ließ sich durch den Schuss nicht aufhalten, trabte weiter, fühlte sich plötzlich doch nicht so recht sicher, blies ein paar Mal, machte kehrt, als ob sie ins Getreide zurück wechseln wollte, drehte aber wieder bei. Diese Unentschlossenheit – die Frischlinge standen regelrecht herum – nutzte ich und machte wieder Dampf. Das war der Bache nun endgültig zu viel. Der Pürzel gab das Signal, und ab ging die Post, hinein ins Getreide. Rauschen hörte man's noch, dann kehrte Ruhe ein. Als ich die beiden Frischlinge holte, ließ ich den Blick über den Roggenschlag schweifen, dachte an die vielen Kessel und Lagerstellen, die zu denken gaben …

Mit dem Hubertus-Pfeifchen gelockt

Selbst zur Brunft ist es nicht einfach, einen ganz bestimmten Bock zur Strecke zu bringen. Ein alter Haudegen mit schwarzen Stangen, der an der Sauen-Pfaffendorfer Grenzhecke seinen Einstand hatte, machte sich sogar in der Brunftzeit rar. Im Frühjahr wechselte er zu allen Zeiten von der Hecke ins junge Getreide und von dort zum benachbarten Holz. Anschließend nahm er den gleichen Weg wieder zurück. Als die Schusszeit heranrückte, wurde er heimlich. Spät, sehr spät trat der Bock aus dem Holz, zog rasch durchs Getreide der Hecke zu, die er ein gutes Stück abschritt mal außen, dann wieder innen.

Zu Beginn der Schusszeit war das Getreide bereits so hoch, dass mein Raubein Deckung im Überfluss hatte. Bis auf weiteres blieb der Bock für mich unerreichbar. Dann zeigte sich der späte Juli mit Hundstagswetter von seiner besten Seite, und mit der Sommerhitze kamen die Gewitter. Als Vorboten schickten sie leichten Regen und brachten als Begleitung den Sturm, der mit dem Getreide spielte und es zu Boden drückte. Kein guter Anblick für den Landwirt, doch für den Jäger verbessern sich durch die Lagerstellen die Jagdchancen. Ich nutzte sie und saß mehrere Abende und auch morgens an, bekam den Bock aber nie zu Gesicht.

An einem schwül-heißen Nachmittag bezog ich wieder meine Leiter an der Birke gegenüber der Sauener Grenzhecke. Von dort hat man einen weiten Blick, sieht in Lagerstellen bis hinüber zur Hecke. An einem dieser Flecken, so hoffte ich, müsste im Laufe des Abends der Gesuchte auftauchen, sollte er nicht vorübergehend einer jungen Ricke in den unteren, vom Sitz nicht einsehbaren Abschnitt gefolgt sein. Dorthin pirschen war ein Wagnis, an der Waldspitze krüselte der Wind.

Eine halbe oder auch dreiviertel Stunde mochte ich gesessen haben, da knasterte und polterte es hinter mir im Holz, und eh' ich mich so richtig darauf einstellen konnte, sprengten aus der Spitze gut dreißig Schritt neben mir zwei Rehe heraus. Im Glas erkannte ich einen Jährling dicht gefolgt von meinem Schwarzen. In voller Fahrt ging's quer über den Getreideschlag der Hecke zu, dann wendete der Spuk in den Wald zurück.

»Entweder kommt die wilde Jagd wieder ins Freie«, dachte ich, oder der Alte trollt gemächlich den Weg zurück seinem Einstand zu. Und dann käme er mir ganz bequem schussgerecht!« Also nahm ich den Drilling in die Hand, denn jeden Augenblick konnte ja der Bock am Waldrand auftauchen. Doch nichts tat sich. Still blieb es. Auf's Blatten verzichtete ich, es war noch früh am Abend, viel konnte sich noch ereignen.

Die lange Ungewissheit war mir lieber als die allzu rasche Erfüllung des lang gehegten Wunsches. Zeit hatte ich, abzuschweifen, mich zu erinnern an dieses oder jenes Blattjagdgeschehen, alte Bilder hervor zu kramen …

Aus meiner Elevenzeit, als die Jagdkommandos noch über das Land reisten, ist mir eine Begebenheit mit Richard in Erinnerung, an die ich gern zurück denke. Richard, mit meinen damaligen Augen gesehen schon ein reichlich alter Jungjäger, war über Großvater zur Jagd gekommen. Und erst einmal dabei, machte er von den damals bescheidenen Möglichkeiten reichlich Gebrauch. Die Blattzeit kam ihm damals sehr gelegen.

Im Polenztal war Jagd angesagt, der Cunnersdorfer Gasthof der Treffpunkt für die Jäger. Ein klappriger F8 brachte die Doppelflinten, die von einem blau uniformierten Polizisten ausgegeben und danach wieder eingesammelt wurden. Nach der Patronenausgabe zogen wir los, und Großvater vertraute mir Richard an. »Du weißt«, sagte er, »an der Kleebrache, am Rand vom Getreide zu den Kartoffeln ist der beste Platz – und vergiss die Äste für die Deckung nicht!« Mit diesen Worten schickte er uns los. Auf dem Weg dahin blieb plötzlich mein alter Jungjäger stehen, griff in die Jackentasche und holte eine Rehlocke, Marke »Hubertus«, hervor. Das Zauberpfeifchen war Richards neueste Anschaffung. Mit einem selbstgefälligen Lächeln blickte er mich an und meinte: »Wenn Böcke da sind, kommen sie!« blies probeweise ganz vorsichtig in die kleine Tute und horchte gespannt auf seine hervor gebrachten Zaubertöne. Doch was da heraus kam, hätte nicht mal einen Jährling auf die Läufe gebracht!

»Heute klappt's«, meinte Richard mit sichtlicher Befriedigung, dabei seine Hubertuspfeife wieder in die Tasche steckend. »Es wird schon klappen«, versicherte ich, »nur muss der richtige Fieplaut heraus kommen, der Ton da war viel zu tief!« »Wie wäre er denn richtig?« wollte er wissen und gab mir das kleine Holzpfeifchen in die Hand. Nach ein paar Versuchen hatte ich den richtigen Ton gefunden und reichte Richard seine ›Zauberflöte‹ zurück. Sein zufriedenes Gesicht sagte mir alles …

Am Ansitzplatz angekommen, steckte ich die mitgebrachten Äste im Halbkreis in den Boden, dann hockten wir uns auf die

Sitzstöcke und warteten geduldig auf das Erscheinen von Ricke und Bock. Wenn nicht, dann konnte Richard ja nachhelfen, den Bock mit seinem Hubertus-Pfeifchen auf den Klee zaubern. Es dauerte nicht lange, bis Richard unruhig wurde und mir zuflüsterte: »Jetzt könnte der Bock aber kommen!« Gleich danach holte er sein Lockpfeifchen aus der Tasche, tat als wolle er es zum Mund führen, reichte es dann mir und bedeutete, ich möchte die Fiepe bedienen.

Ein paar Atempausen wartete ich noch, dann sandte ich meine Rickenrufe, erst zart und dann wieder auffordernd, so wie ich es von Großvater gelernt hatte, in Richtung Getreide. Auf diese Rufe musste einer der Böcke, die hier ihre Äsung nahmen, gewartet haben. Im Roggen rauschte es, und schon stand der Bock mit hochgerecktem Kopf mitten im Klee. Da er seine Herzensdame, die ihn rief, nicht entdecken konnte, hielt er weiter Ausschau, wendete sich erst nach rechts, kam dann im Bogen wieder zur Feldmitte und dann im leichten Stechschritt in unsere Nähe.

Nun tat Richard etwas, was er lieber nicht hätte tun sollen: Er feuerte die Brenneke auf den Stich und schoss glatt vorbei. Der Bock, über den unerwarteten Knall erschrocken, sprang zur Seite, aber nicht ab. Jetzt hob Richard erneut seine Doppelflinte – und traf. Im Knall stürzte der Bock.

Richard sprang auf und hastete durch den Klee zum Bock. Mir blieb weiter nichts übrig, als gegen die Regel zu verstoßen und ihm nach zu laufen. Voller Stolz betrachtete er die Kümmerertrophäe: »Verknerzelt – kein Fehlabschuss«, wiederholte er x-mal und lobte nach diesen Worten stets meine Blattkünste mit dem Hubertus-Zauberpfeifchen.

Nachdem der aufgebrochene Bock zum Ausschweißen quer über einer Kleefurche lag, kam Richard auf den Gedanken, es mit dem Lockinstrument noch einmal zu versuchen. Wir hockten uns wieder hinter unsere Deckung, und ich fiepte nochmals ein paar Liebesrufe heraus. Kaum dass die Schmachtrufe verklungen

waren, stand auch schon der zweite Bock im Klee und forschte nach der Dame, die ihn zum Tanz aufgefordert hatte …

Diesmal wartete Richard, bis der Bock breit stand und schoss dann seine Brenneke ab. Der Bock fiel um, und Richard war ob des »Wunderpfeifchens« außer Rand und Band. Wie der zweite Bock – ebenfalls ein Erzkümmerer – aufgebrochen neben dem ersten lag, schummerte es bereits. Wenig später, im letzten Licht, kam Großvater, und das Erzählen und Begutachten nahm seinen Lauf.

»Also geblattet hast du«, wiederholte Großvater mehrmals. Richard holte die Hubertuspfeife hervor, die ich ihm nach dem zweiten Streich zurückgegeben hatte. »Mit dem Holzpfeifchen hast du die Böcke auf Schussentfernung für die Brenneke gelockt?« meinte Großvater erstaunt, »gratuliere!« Dabei zog er den Bruch aus der Tasche und schüttelte dem nicht ganz glücklich drein schauenden Schützen mit »Weidmannsheil« die Hand. Eh' nun Richard zu Wort kam und richtig stellen konnte, dass ihm zwar das nette, kleine Pfeifchen gehöre, aber das Blatten ich besorgt hätte, fuhr Großvater fort: »Versuch's doch mal mit dem Buchenblatt. Zu Hause üben, dann hier im Revier die Probe aufs Exempel machen.« Richard kam einfach nicht zu dem wunden Punkt. Da Großvater (ohne dabei gewesen zu sein) voll im Bilde war, lenkte er geschickt davon ab, um Richard am Stammtisch später hochleben zu lassen.

Als wir Drei im Cunnersdorfer Gasthof inmitten der kleinen Jägerschar Platz genommen hatten, wurde nach Großvaters Einleitung Richard bedrängt, in Einzelheiten zu erzählen, wie er es denn angestellt habe, dass gleich zwei Böcke auf seine Lockrufe reingefallen wären. Und Richard erzählte aus der Zwangslage heraus, in die ihn mein Großvater gebracht, wie sich's zugetragen hatte, dass es auf den richtigen Fiepton ankommt. Wenn der stimmt, springt sofort der Bock! Am Ende, als die Runde recht fröhlich auseinander ging, fuhr Richard mit erleichterter Brieftasche, aber geehrt mit dem Titel »Jungjägerblattkönig« nach Hause …

Jetzt regte sich drüben am Waldrand ein Reh. Ich vergaß Richard und die Polenztalböcke, nahm das Glas zur Hand: die hellrote Gestalt entpuppte sich als Jährling, lauscherhoch die dünnen Stangen. Da zögerte ich nicht lange – als er sich breit stellte, berührte ich den Abzug. Der Bock blieb im Feuer, sank ins hohe Gras.

Fernes Grummeln mahnte mich – doch diese Stimmung gehört zum richtigen Sommeransitz, gehört zur Rehbrunft – ich blieb. »Vielleicht zaubert die Gewitterschwüle den Gesuchten doch noch auf die Bildfläche«, dachte ich. Aber aus dem beschaulichen Wetterleuchten entwickelte sich ernst zu nehmendes Grollen, das näher und näher kam.

Schließlich entschied ich mich doch fürs Abbaumen. Als der aufgebrochene Jährlings-Bock am Baum hing, war es fast stockfinstere Nacht geworden von Blitzen gespenstig aufgehellt. Schon zu spät für den Rückweg. So gab ich mich als Gefangener dem Gewittergott hin, musste wohl oder übel »Wodans Feuerzauber und Abschied« abwarten …

Ganz zufällig warf ich im Blitzesschein den Blick aufs Getreide – da stand wie aus dem Boden gestampft mein erwarteter Bock vor mir – wie der Leibhaftige selbst: rotglühend die Decke und schwarz der Kopf. Groß war die Versuchung. Wie ein Blitz das Feld aufhellte, fasste ich den Satanskerl mitten ins Blatt. Dann rauschte der Regen nieder und durchweichte mich völlig. Als wieder Frieden einkehrte, ging ich ins Feld zu dem Bock. Ringsum dunstete es in den Abend – vorbei der Höllenzauber.

Kaum zwanzig Schritt vor mir lag der Schwarze – der Gewittergott hatte ihn mir geschenkt …

Feisthirschzeit und Rehbrunft

Ab der zweiten Julihälfte sollte man die Stellen im Revier, wo sich Hirschrudel aufhalten – Feldgehölze und Waldrandlagen einschließlich der Wechselgebiete zur und von der Äsung – nur von Weitem im Blick haben, beobachten, wie sie sich »umformieren«. Denn die Feistzeit steht bevor und damit die Jagd auf den Feisthirsch. Aber: Abwechslungsreiche Wald-Feldreviere, so genannte Gemenglagen, sind nicht nur mehr oder weniger gute Sommereinstände fürs Rotwild, vor allem sind sie ausgesprochene Rehwildreviere. Und in der zweiten Julihälfte beginnt die Rehbrunft. Der lebhafte Brunftbetrieb stört die Rotwildrudel nicht, sie gehen ihre gewohnten Wege. Der Jäger dagegen, der ihre Wege kreuzt, stört das Rotwild. Die Gefahr, beim Ansitzen wie beim Pirschen die Hirsche zu vertreten, ist umso größer, je kleiner das Revier ist. Wer also die Ruhe für das Rotwild erhalten und die Rudel nicht aus dem Revier drängen will, lässt dort das Rehwild ungestört brunften. Entweder man hat in seinem Revier die Böcke bereits im Mai zur Strecke gebracht, oder man sitzt und pirscht mit seinem Blattinstrument dort, wo die Hirsche die Anwesenheit des Jägers nicht übel nehmen – oder man wartet bis nach dem 10. August, wenn der Feisthirsch bereits auf der Decke liegt …

Am Hang von Liepe-Ausbau in den Kiefern mit viel Unterwuchs hatten sich Hirsche eingestellt. Mal standen sie im Mais, der sich ans Feldgehölz anschloss, mal im dicht bewachsenen Waldstück, und wenn ihnen danach war, nahmen sie die Liepe-Wiese mit. Dort hatte auch ein Bock seinen Einstand – ein alter Sechser hoch auf mit kurzen Enden. Ich kannte ihn schon mehrere Jahre, sah ihn Anfang Mai oft, wenn er sich Respekt verschaffte, das junge Volk vom Halse hielt. Im Juni machte er sich rar. Und dann kamen die Hirsche. Ich hielt dort Ruhe – und die Hirsche blieben.

Im Schussbuch findet sich folgende Notiz: Am 8. August an der Liepe-Wiese fünfjährigen Eissprossenzehner geschossen. Drei Tage später: Am 11. August, am Buddelberg nahe dem letzten Lamitscher Haus, den Liepe-Bock gestreckt.

Diese Begebenheit habe ich noch ganz klar im Gedächtnis: Vom Haus weg pirschte ich morgens bei vollem Sonnenlicht hinter den Buchen in die hohen Kiefern hinein. Leichtes Knacken ließ mich aufhorchen. Da kam in scharfem Troll ein Bock, ein ganz starker, stichgerade auf mich zu. Meine Bewegung mit dem Drilling nahm er wahr – stutzte – das genügte für den Blick durchs Zielfernrohr und für den Schuss. Der Bock – einer meiner Besten im Revier aus diesem Revier, eine Krone, die ich immer wieder gern in die Hand nehme. Ob ich damals den Eissprossenzehner gestreckt hätte, wenn mir in dem Augenblick der Bock auf der Liepe-Wiese wichtiger gewesen wäre?

Der Kirmesbock

Alles drehte sich um den Kirmesbock, Großvater rieb sich die Hände. Nach Jahren verordneter jagdlicher Enthaltsamkeit sollte es für ihn wieder richtiges Weidwerken auf den Bock geben. Das bedeutete auch Aussicht auf den lang entbehrten Rehbraten zum Kirmesfest. Wenn auch nur für Stunden – an wenigen Tagen im Jahr konnte Großvater den Spazierstock mit der Flinte vertauschen. Noch sehr genau erinnere ich mich, wie es dazu kam. Immer, wenn mir der Kirmesbock in den Sinn kommt, ist mir so, als ob die Zeit, die dazwischen liegt, dahin schmilzt wie der Schnee unter der Märzensonne.

Ottokar, mit Leib und Seele Musiker, war der Not gehorchend in die Rolle des Dirigenten eines Polizeiorchesters gedrängt worden. In dieser Position mit hohem Dienstrang stand ihm mehrmals im Jahr eine Doppelflinte zur Jagd in einem Revier seiner Wahl zu und das, ohne Jäger zu sein. Er kam also zum Weidwerk wie der Dumme zur Ohrfeige. Da ihn der Braten von Reh und Hase lockte, machte er sich auf die Suche nach einem alten Jäger, der ihm das Jagen beibrachte oder abnahm. So kam Ottokar, der Kapellmeister, ins Haus meines Großvaters und lief mit seinem Angebot, für ihn Jagen zu gehen, offene Türen ein. Das mit Kornschnaps besiegelte Zweckbündnis begann mit einer vorweihnachtlichen Hasensuche am Triebenberg. Aus der zufälligen Begegnung entstand eine Freundschaft. Ottokar ließ sich in jagdlichen Dingen unterrichten, und Großvater war stets dabei, wenn das Orchester zum »Konzertwinter« über Land fuhr.

Als es auf die Zeit des Kirmesbockes ging, hatte Ottokar zwar schon reichlich Jagdluft geschnuppert, doch weder Hubertus noch Diana hatten mit ihm etwas im Sinn. In Großvaters ehemaligem Eschdorfer Pachtrevier oberhalb der Jagdwege, die vom Pillnitzer Schloss bei Dresden zu den alten kurfürstlichen Schlössern Stolpen und Lohmen führen, dort wo die Hohen Brücken die Waldschlucht des Bonnewitzer Baches überspannen, sollte Ottokar seinen ersten Bock, einen Kirmesbock schießen.

Bevor Großvater mit ihm und der Doppelflinte dorthin ging, wurden zunächst fleißig die Böcke bestätigt. Denn die wenigen Tage, an denen Ottokar die Flinte führen durfte, mussten fürs Jagen genutzt werden. Die Brunft sorgte für reges Begängnis zwischen Waldnischen, Wiesenflecken und den sich anschließenden Feldern. Auf einer Kleebrache, die an Getreide, Dickung und hohes Holz grenzte, war für Ottokar ein ungerader Achter mit schwarzen Stangen »angebunden«. Vom Frühjahr an herrschte der Bock hier, zog nur gelegentlich weiter in den Wald zu der größten der Hohen Brücken. Die »Anordnung« der Plätz- und

Schlagstellen bewies es, verriet seine Wechsel und den engeren Haupteinstand. Vor und zu Brunftbeginn hielt es der Bock mit dem Schmalreh, Anfang August mit der Ricke, die im Roggen stand und von dort ihre Kitze in den Klee führte.

Ein jüngerer Bock, der in der Nähe des Alten immer wieder auftauchte und von dem Achter in Schwung gehalten wurde, kam nach Großvaters Plan erst an zweiter Stelle in Betracht. Warum? Das abnorme Gehörn war der Grund: rechte Stange mit langer Vorder- und Rücksprosse, linke Stange geschwungener Spieß. Den Bock wollte Großvater gern selbst auf die Decke legen.

Dann kam der Tag von Ottokars erstem Ansitz. Großvater und ich hatten einen provisorischen Schirm hergerichtet mit starken Ästen als Gewehrauflage. Die beiden Jäger saßen rechts und links vor einem kleinen Ausguck, ich mit etwas Abstand dahinter. Die Gunst der Stunde ließ nicht lange auf sich warten. Es kam wie vom Großvater vorausgesehen: halbschräg vor uns im Unterholz wurde es plötzlich lebendig, die wilde Jagd schien entfesselt zu sein. Wie aus dem Nichts heraus ein lautes Hasten und Keuchen, das näher kam und sich wieder entfernte. Im unteren Winkel, wo damals Altholz und Dickung an die Kleebrache stießen, tauchte das Paar für wenige Augenblicke auf, hetzte aber sogleich in die Dickung zurück. Aus das Spiel – kein lauthelles Treiben mehr, kein Fiepen, kein Plätzen. Weder Bock noch Ricke, weder Schmalreh noch Ersatzbock ließen sich auf der Kleebrache blicken.

Großvater begann unruhig zu werden, schob seine Leinenmütze vor und zurück und beugte sich ganz gegen die Regel aus dem Schirm. Ich ahnte, dass er den alten Haudegen am liebsten herbei gerufen und ihn gescholten hätte: »Immer bist du zur Stelle, nur heut' nicht, wenn die Doppelflinte mal uns gehört!« Doch dann schien sich noch alles zum Besten zu wenden. Aus der Dickung trat ganz vorsichtig ein Reh auf die Äsung und zog äsend Schritt für Schritt auf uns zu. Ich wusste, was Großvater jetzt dachte: »Gleich, gleich kommt der Bock«. Und wie es zur

Blattzeit nicht anders sein kann, folgte der Bock der Ricke wie von einer unsichtbaren Schnur gezogen. Nach dem voraus gegangenen, ungestümen Treiben hatten beide eine Pause eingelegt, nun lockte der saftige Klee, was uns nur Recht sein konnte.

Indes Bock und Ricke ganz langsam näher kamen, erhielt Ottokar letzte Verhaltensregeln, damit alles ganz sicher den gewünschten Verlauf nehmen konnte. Doch Ottokar schien Großvaters Worte überhört zu haben, schob die Doppelflinte ganz bedächtig durch sein Guckloch und wartete nicht, bis der Bock nahe genug war, feuerte dem uns spitz zustehenden Bock die Posten ins »Gesicht«. Die Ricke raste an uns vorbei ins Getreide, der Bock in Richtung Dickung. Als gleich danach ein paar tiefe Schrecklaute zu uns herüber gellten war klar, dass Ottokars Frontalschuss auf Büchsenschussweite den Bock lediglich verärgert hatte.

Wenige Tage später bezogen wir erneut unseren Schirm, steckten ein paar frische Äste dazu und hofften auf den Bock und darauf, dass Ottokar diesmal die Nerven behalten würde. Nach dem etwa einstündigen Fußmarsch – gute fünf Kilometer im hügeligen Gelände, zuerst Landstraße von Dittersbach zum Eschdorfer Gut und von dort durchs Feld den Hohen Brücken zu – ließen wir uns erst einmal die Abend-Brote schmecken. Plötzlich unterbrach Großvater das Kauen und horchte in Richtung Altholz. Wie vorsichtiges Plätzen im Unterwuchs hörte sich's an. Dann kamen die Plätzgeräusche näher, dass man förmlich die Fetzen fliegen sah. Wie auf Kommando legten wir die Brote zur Seite, schauten gespannt auf die Stelle, wo das Plätzen zu vernehmen war. Und da trat der Hausherr auch schon ins Freie, mitten hinein in den Klee zog er, als ob er sagen wollte: Auch am späten Nachmittag gehört der Klee mir!

Diesmal schien Ottokar Herr seiner Sinne zu sein, nahm vorsichtig die Flinte aus der Astgabel, schob sie langsam durch sein erweitertes Guckloch und ging in Anschlag. Der Platzherr stand wie festgewurzelt, rührte sich nicht von der Stelle. Bei diesem

Anblick überfiel mich das Jagdfieber, ich zitterte am ganzen Körper – beste Schussentfernung für die Flinte. Jetzt muss doch der Schuss fallen, warum wartet Ottokar? ging es mir immerzu durch den Kopf. Doch statt des erlösenden Knalls nur ein metallisches Klicken. Der Bock nahm das Geräusch auf die kurze Entfernung übel, wendete und war im Nu außer Gefahr. Großvater, zu Ottokar gewandt, fluchte: »Verdammt noch mal, die scheiß Nachkriegspatronen!« Ottokar blieb stumm, griff in seine linke Jackentasche, öffnete dann die Flinte – leer! Er hatte vergessen zu laden. Peinliche Stille. Meine Anwesenheit rettete Ottokar vor Großvaters derben Sprüchen …

Schließlich meinte Großvater, der Abend sei noch nicht verloren. Für den jüngeren Bock mit den ungleichen Stangen sei es an der Zeit, hier mal wieder aufzutauchen. Und ebenso könnte die Ricke den eben Vergrämten, der irgendwo im Holz steht, in Kürze wieder hervorzaubern. So kam es denn auch. Den Spießer-Sechser zog der Kleeduft aus dem Getreide, doch viel zu weit für die Flintenrohre. Kurz danach tauchte rechts von uns im hintersten Winkel ein Bock auf. Auch er hatte es eilig und verschwand sogleich wieder von der Bildfläche. Da rauschte es neben uns im Getreide, doch nichts tat sich, der Klee blieb leer. Wie es zu dämmern begann, trollte an der Stelle, wo sich der Schwarze am Nachmittag empfohlen hatte, die Ricke ins Freie. Großvater deutete auf die Flinte, ganz brav folgte Ottokar dem Fingerzeig. Eh' er zugefasst hatte, stand der Ersehnte auch schon bei der Ricke.

»Sobald die Ricke weiterzieht, der Bock noch verhofft, dann schieß!« flüsterte Großvater Ottokar zu. Langsam zog die Ricke weiter, und Ottokar machte wie befohlen Dampf. Der Bock stürzte im Knall, kam sogleich wieder auf die Läufe und flüchtete, als ob er sich nur gehörig über den Donner erschrocken hätte. »Schwach gekrellt«, brachte Großvater enttäuscht hervor, »wir können getrost nach Haus gehen. Morgen früh such' ich trotz allem nach.« Ottokar stand unschlüssig auf. Das Gewehr in der rechten Hand, starrte er ungläubig auf die Stelle, wo der Bock verhofft und dann wie vom Blitz getroffen für Sekunden gelegen hatte. Es blieb beim gekrellten Bock.

Und da die Sache mit dem Kirmesbock nun ernst wurde, überließ Ottokar die Flinte meinem Großvater. Wieder zogen wir zu dritt zu den Hohen Brücken, um endlich den Kirmesbock zur Strecke zu bringen. Großvater blieb hartnäckig, er wollte den Schwarzen und sagte zu Ottokar: »Du setzt dich drüben an die Wiese mit Blick zum Doberberg, wir versuchen es nochmal am Klee. Es müsste schon mit dem Teufel zugehen, wenn der alte Schlauberger uns durch die Lappen ginge.«

Gesagt, getan, unsere Wege trennten sich. Jetzt saßen wir zu zweit am alten Fleck. Nach einem Weilchen flüsterte mir Großvater zu, er müsse mal kurz verschwinden. Wenn einer der beiden Böcke käme, solle ich schießen, ich wüsste ja Bescheid. Daraufhin schlich er sich gebückt fort, ließ mich mit der Doppelflinte allein.

Nachdem mir meine Situation so recht bewusst geworden war, flehte ich die beiden unsichtbaren Böcke an, nur jetzt nicht in meine Nähe zu kommen, zu warten, bis Großvater wieder zur Stelle sei. Keiner der Böcke ließ sich glücklicherweise blicken, aber auch Großvater kam nicht zurück. Mir wurde immer unheimlicher. Und als schließlich am Getreiderand der Sechser-Spießer auftauchte, fing es in der Magengegend an zu kribbeln. Ich wünschte Großvater herbei, doch er kam nicht. Ich schaute auf die Doppelflinte, die vor mir in der Astgabel lehnte, wollte nach ihr greifen, zog aber die Hand sogleich wieder zurück.

Die Versuchung war groß. Ich durfte, ich wollte ja auch, aber ebenso groß war die Angst, so unvorbereitet selbst zu handeln. Doch da legte Diana ihren Arm um meine Schultern und flüsterte: »Nur zu, fass dir ein Herz!« Ich atmete tief durch und griff nach der Flinte, legte das schwere Ding quer über die Knie, drückte mit dem Daumen fest auf die Sicherung, hielt die andere Hand darüber, damit der Bock den Schubser nach vorn nicht wahrnahm und richtete das Zwölfer Rohr in Richtung des Abnormen, der mittlerweile einige Schritte ins Feld gewechselt war und unentwegt äste.

»Tief fassen, wenn du über die Schiene schaust«, klangen mir Großvaters Weisungen im Ohr. Ich schwankte mit der Flinte hin und her, dachte nichts mehr und drückte ab, riss den Hahn vom linken Lauf durch, den vorderen erreichte ich nicht. Was nach dem Schuss mit dem Bock passierte, nahm ich nicht wahr, spürte nur den kräftigen Rückschlag der Flinte, der mich fast umgeworfen hätte.

Wie ich benommen vom Schuss regungslos da saß, die Flinte noch fest im Griff, stand plötzlich Großvater neben mir. »Brauchst nicht zu erschrecken, hat ganz schön gerumpelt. Gut gemacht für den Anfang. Der Bock muss liegen, ging tief ins Getreide, warten wir noch ein Weilchen, schauen dann nach.« Ich brachte kein Wort heraus, zitterte vor Aufregung am ganzen Körper. Endlich kam der Wink, den Anschuss zu suchen. Großvater wusste ja, wo der Bock vor dem Schuss stand. Schweiß lag von Anfang an, auch am Roggen leuchtete es rot. Vorsichtig bogen wir die Halme zur Seite, gingen ein paar Schritte und standen vor dem längst verendeten Bock, dem ersten in meinem Vor-Jägerleben. Wer war wohl glücklicher an diesem Augustabend als mein Großvater? Von einem Eichenbusch aus hatte er alles beobachtet …

Schöne kleine Entenjagd

Es ging auf Ende August zu. Der Weizen hinterm Luchteich stand noch auf dem Halm, doch hatten ihn Sturm und Regen arg gebeutelt. Ein Paradies für die Sauen – und für die Breitschnäbel, die Tag für Tag dort ihre Nachmittagsmahlzeit einnahmen. »Das könnte passen«, dachte ich so bei mir, »gleich die ersten Septembertage auf der Stoppel ansitzen.« Doch das Wetter machte mir einen Strich durch die Rechnung. Regen kam auf und kalt wurde es, und die Scheibenegge machte der Stoppel den Garaus. Pech für mich, nichts mehr mit Stoppelenten in diesem Jahr. Aber der Luchteich gegenüber war ja noch da. Auf der Dorfseite saß ich hinterm Schilf auf meinem Sitzstock. Links zur Westseite hin Pappeln, vor mir am gegenüber liegenden Teichrand Erlen und rechter Hand nach Osten hin – freies Schussfeld. Von dort her kommen bei Westwind die Enten im Tiefflug. Bei Ostwind schwenken sie über die Erlen ein, ziehen einen Halbkreis um die Pappeln und lassen sich dann aufs Wasser fallen. Trotzdem musste man auf Überraschungen gefasst sein.

Die Enten ließen nicht lange auf sich warten. Über den Erlen hörte ich sie klingeln, und schon schossen sie wie Pfeile aufs Wasser, dass es nur so rauschte. Gerade mal die Flinte hatte ich gehoben, zu mehr kam ich nicht. Ganz nah vor mir paddelten sie herum. Durch eine Schilflücke sah ich mal die eine oder andere vom Schof.

»Nur keine unachtsame Bewegung, nur keine Luftbewegung in Richtung Enten«, murmelte ich vor mich hin. Doch schon ging das Patschen und Flügelschlagen los, und hoch waren sie gegen die Erlen hin, schwenkten rüber ins Freie – da konnte ich mit der Flinte folgen – und bautz und bautz – und zwei Plumpser ins flache Randwasser. Kaum dass wieder zwei Patronen im Lauf steckten, klingelte hoch über dem Teich eine Ente heran – und verschwand wieder. Wenig später dasselbe Spiel, doch tiefer – und schon sauste die Ente aufs Wasser, machte ein paar Quaker und fort war sie wieder.

»Jetzt aber aufpassen – gleich geht der Anflug los, der Vorposten hat reine Luft signalisiert«, mahnte meine innere Stimme. Da kreiste auch schon ganz tief ein Schof heran, machte eine Runde und dann aufs Wasser, dass es nur so rauschte. Wieder war an schießen nicht zu denken, ganz eng hielt der Schof zusammen.

Was tun? Abwarten, bis die Enten Küselwind von mir bekämen oder sie lieber gleich zum Aufstehen bringen? Ich entschied mich für Letzteres. Langsam erhob ich mich vom Sitzstock, sah jetzt die Enten, hielt einen Moment inne, berührte dann mit den Flintenläufen ganz sacht die Schilfhalme – nichts geschah. Um mehr Schilf zu erreichen, veränderte ich meine Stellung, stieß dabei an den Sitzstock, der kippte um – und hoch waren die Enten – und gegen die Erlen – und hinein in den dunklen Himmel …

»Jagd vorbei«, dachte ich – doch nein: zwei Enten, die den Anschluss verpasst hatten, wollten hinterher, strichen der offenen Seite zu – mein Glück! Schließlich lagen vier Enten drüben am Schilfrand, genug für den Abend, der nicht schöner sein konnte.

Schlump und die Feldhühner

Es gab eine Zeit, da hielt das Rebhuhn den ersten Platz unter dem Flugwild. Als Lieblingsvogel der Niederjagd wurde es gehegt – oder sich selbst überlassen. Dementsprechend fielen die Ergebnisse der spätsommerlichen oder frühherbstlichen Jagden aus. Man sprach von guten und schlechten Hühnerjagden und hielt Ratschläge für die Hege bereit, die sich von unseren heutigen gar nicht so sehr unterschieden. Richtiger gesagt: Wir übernahmen sie und steuerten Zeitgemäßes bei. Wie sollte es auch anders sein, denn Kultursteppe gab es um die Jahrhundertwende, wie es sie heute gibt, und man ging mit ihr schon immer nicht zimperlich um. Unsere Altvorderen beklagten das Roden der Feldhecken, das Verschwinden von Ödland, das Fehlen von Gebüschen und empfahlen das Anlegen von Remisen und »die Vertilgung jeglicher Art Raubzeuges in sachgemäßer Weise«.

Trotz alledem gab es Hühner, und firme Vorstehhunde waren in jedem Revier gefragt. Und das ist der Unterschied von damals zu heute: Über den Zustand der Feldflur, den man um die Jahrhundertwende beklagte, wären wir heutigen Jäger hoch erfreut, denn inzwischen ist die Landschaft noch ärmer geworden an dem, was das Rebhuhn für sein Fortkommen, für sein Überleben benötigt. Ganze Feldfluren wurden um den Preis eines höheren landwirtschaftlichen Ertrages »ausgeräumt«, befreit von Bäumen und Strauchwerk, gesäubert von Unland und natürlichen Gräben – Maßnahmen wider besseres Wissen. Mahnende Stimmen vermochten da nichts aufzuhalten. Und wie so oft: Erst am Rand des Abgrunds kam die Erkenntnis zur Umkehr. Als Sinnbild naturnaher Feldlandschaften wurde das Rebhuhn zum »Vogel des Jahres 1993« erklärt, wurde mit ihm aufgerufen umzudenken, mit vereinten Kräften die Wunden zu heilen, die der Mensch der Landschaft zugefügt hatte.

Zu den Kräften, die sich vereinen, gehören die Jäger. Das liegt in der Natur der Sache, denn um jagen zu können, muss Wild vorhanden sein. Auch wenn es zunächst nicht ums Jagen geht – Jahre werden mit Hege aller Art ausgefüllt sein – als Ziel hat es der

Jäger vor Augen. Der Reiz des Jagens ist die Triebfeder für sein Handeln, und Hege ist die sachliche Vorbereitung der Jagd. Gerade das ist es, was so viele unter den selbst ernannten Naturschützern beklagen: der Jäger hegt, um zu jagen, um Wild zur Strecke zu bringen. Aber da wäre zu bedenken: Auch der Naturschützer hegt nicht um der Hege willen. Er, der den Instinkt zur Jagd verloren hat, will sie dem Raubwild, den Beutegreifern überlassen, will den Menschen als vordergründigen Jäger aus diesem System herauslösen. Doch liegt klar auf der Hand, dass die »jagenden« Tiere diese Aufgabe in einer »Kulturlandschaft« niemals erfüllen können. Gerade die kultivierte Landschaft, die wir pflegen, mit der wir pfleglich umgehen müssen, braucht den Jäger, der nach rechtem Maß jagt, der Jagen als glückhafte Tätigkeit empfindet und über sie hilft, Artenvielfalt zu erhalten, anstatt zu vernichten!

Glückhafter Tätigkeiten erinnern wir uns gern, sie werden uns zum Erlebnis, auch wenn die Zeit darüber hinweg gegangen ist. Aus ihrem entspringt der nie versiegende Quell der Hoffnung, der Hoffnung auf Wiederholung.

… Schöner September – herber Duft von vergilbendem Kartoffelkraut, Stoppelbreiten von Roggen und Weizen, satter Rübenacker und fußhohe Spätsommerwiesen, Grillenzirpen im Feldrain, Schwalben, die hoch dahin segeln – und über allem ein blauer Himmel mit samtigen Federwölkchen. Ein Tag wie geschaffen für die Jagd auf Hühner.

Schlump, ein Griffon schweren Schlags, war an meiner Seite, und über der Schulter hing das 12er Rohr, das mir nicht gehörte, dass der Staat, der sich als Sachwalter des Volkes verstand, mir nur geliehen hatte. Von Brünierung war nicht mehr viel zu sehen, auch wackelten die Läufe im Kasten. Ein gestandener Jäger, der vorgab, von Gewehren und deren Sicherheit etwas zu verstehen, erklärte mir, dass das nichts Ernsthaftes sei, er habe schon mit ganz anderen »Püstern« geschossen! Das beruhigte mich, brauchte ich meine langläufige Doppelflinte ewiger Reparaturzeiten wegen nicht aus der Hand zu geben.

Auf staubigem Weg steuerte ich den ersten Waldstreifen im Feld zu, der das Land vor den strengen Küstenwinden schützen sollte. Von dort aus wollte ich meinen Plan für die Hühnersuche in die Tat umsetzen. Nur eine Suche hatte mir der Jagdleiter, der von den Hühnern in diesem Revierteil wusste, zugestanden: »Ich weiß, in den Feldern vorm Bodden liegen mehrere Völker, doch Hühner soll man nicht durch fortwährendes Suchen stören, zwei Suchen genügen vollauf. Die erste mach' allein, die zweite Suche gehört uns Beiden.«

Schlump, der mir nicht gehörte, den ich aber immer bei mir hatte, war die Ruhe selbst. Wir passten zusammen wie ein Paar Schuhe, waren eins geworden auf Enten und Hasen, und Schweißarbeit wurde mit ihm nicht zur ›Schwitzarbeit‹. Nun sollte sich unsere Freundschaft an den Rebhühnern beweisen. Der Rübenschlag, den wir uns zuerst vornahmen, war gemessen an den heutigen Flächen eher klein zu nennen.

Ich schickte Schlump auf den Weg, ging ein paar Schritte nach und blieb stehen, derweil mein struppiger Freund bedächtig auf und ab marschierte. Dann zog er weiter hinaus, und ich überlegte: stehen bleiben oder ihm folgen? Ich entschied mich für ersteres, wollte den Hund beobachten und gegebenenfalls zurück rufen. Doch plötzlich verhoffte er, machte sich lang, zog noch ein paar Längen vor, stand stockstill und äugte zu mir zurück. Das war seine Aufforderung zu kommen. Mit raschen Schritten, die schussbereite Doppelflinte in den Händen, näherte ich mich dem Hund, ging vorsichtig an ihm vorüber, Schritt für Schritt, wagte kaum zu atmen – da stiebten die Hühner lärmend hoch – und ich war mehr der Spannung verfallen, als dass ich hätte reagieren können.

Meine den beiden nachstreichenden Hühnern hingeworfenen Schüsse gingen ins Leere. Schlump indessen kam ohne Aufforderung zu mir und stupste mich mit der Nase, als ob er mir bedeuten wollte, es ist doch nicht so schlimm, es gibt ja noch mehr Hühner. Rechts von mir am Rand des Feldes zur Stoppel waren die Hühner eingefallen. Nun gestaltete sich die Sache etwas schwieriger. Umso besser, dachte ich, und schickte Schlump in Richtung Hühner. Wie er sie gefunden hatte, stand er einen Augenblick vor und zog dann mit tiefer Nase nach. Sie liefen also in den Furchen, und das konnte heißen: entweder sich drücken am Ende des Schlages oder aber aufstehen und verstreichen. Ich traute dem Frieden nicht und dirigierte Schlump – mit dem Arm eine Bogenbewegung andeutend – im Halbkreis um die Kette. So bekamen wir die Hühner, bevor sie den Rand des Rübenfeldes erreichten, zwischen uns. Auf diese Weise saßen sie in der Falle.

Schlump rückte vor, und ich schritt ihm entgegen. Jetzt mussten wir ganz dicht an den Hühnern sein, denn der Hund stockte, bewegte sich keinen Schritt weiter. Vorsichtig ging ich zu, und schon purrten die ersten Hühner heraus. Im Knall fiel eins der Hühner wie ein Stein zu Boden und ein zweites, das der linke Lauf erreichte, strich weg, himmelte und kam auf der Stoppel nieder. Wie ich beim Nachladen war, erhoben sich die nächsten Hühner aus den Rüben – zu früh für mich. Doch da stiebte ein Nachzügler auf, und den fasste die Flinte. Die Hühner hatten sich vor dem Hund in der Deckung verloren, gerade so, wie man sich's bei der Suche wünscht.

Auf meinen Wink hin setzte sich Schlump in Bewegung schwenkte, verhoffte, tupfte mit dem Kopf in die Rüben und tauchte mit einem Huhn im Fang wieder auf, kam mir entgegen, und ich klopfte ihm zum Dank den Hals. Auch die beiden anderen Hühner fand er ohne Mühe. Drei auf einen Streich, das Pudeln gehörte dazu.

Nun sollte der Kartoffelschlag über dem breiten Fahrweg die Folge sein. Um ihn richtig nehmen zu können, umschlugen wir ihn, schritten über einen schon spannhoch nachgewachsenen

Wiesenflecken. Zum Knick hin hatte man ein Geviert, mehr einen breiten Keil zu nennen, stehen gelassen. Vergilbte, dicke Grasbuschen hoben sich heraus, alles andere ein Wirrwarr von Rasen. Eigentlich der richtige Platz für Rebhühner, kam es mir in den Sinn und wäre die Probe aufs Exempel wert. Gedacht, getan – wir gingen die Sache vom Heckenrand an. Mein Hund, dem ich bedeutete, den alten Grasflecken zu untersuchen, war mit Eifer dabei, holte auf meinen Wink hin im weiten Bogen aus und trabte auf das Altgras zu. Kaum dass er es erreicht hatte, stockte er schon, dehnte sich mit tiefer Nase vor, kam wieder hoch und äugte nach mir. Das war das Zeichen: »Die Hühner sind fest, du kannst kommen!« Geradewegs ging ich drauf zu. Da – ein wahres Spektakel. Lauthals fuhr die Kette aus dem Gras. Ein Huhn schrägelte, fiel auf die Wiese, für Schlump eine leichte Arbeit. Das Volk tauchte drüben in den Kartoffeln ein, dort fand es wieder Deckung und Ruhe.

Vier Junghühner hingen an Großvaters alter Jagdtasche – genug für den Auftakt. Ich war zufrieden mit Schlump und mit mir. Es stand mit frei, weiter zu jagen in die Mittagswärme hinein. Ich unterließ es, ging es mir doch nicht um die Zahl der Hühner an den Schlaufen. Ich genoss es, ausgestreckt neben dem Hund im Schatten des Knicks zu liegen und nicht zu müssen, nicht zu hasten nach Metern und Sekunden – denn morgen war ja auch noch ein Tag.

Das unterscheidet die Jagd vom Sport – für den, der sich zu beherrschen weiß, dem Jagd Kultur bedeutet.

Der Hahn auf dem Schirm

Als wir das Arbeitszimmer meines Freundes in der Forstverwaltung Pilsen verließen und die breite Steintreppe hinunter stiegen, wiederholte er bestimmt zum fünften Mal: »Also in Silberbach erwartet dich Barthel, ihr kennt euch ja. Alles ist vorbereitet – auch die Hähne im Moor sind da; drei, vier immer, manchmal fünf. Der Alte vom Vorjahr ist unter ihnen. Du wirst deine Freude an den kleinen Raufbolden haben.«

In der Vorhalle verabschiedeten wir uns: »Lovu zdar! – Weidmannsheil! Und halte die Füße warm, du weißt, in dem Versteck ist es morgens klapperkalt.« Wenn die Balz der kleinen Hähne lockt, da denkt man nicht an kalte Füße, will nur rasch zu ihren Tummelplätzen, um sich verzaubern zu lassen von ihrem Spiel.

Hinauf ins böhmische Erzgebirge ging die Fahrt Richtung Kraslitz und von dort nach Silberbach zu meinem Freund Barthel. Als ich am Hegerhaus ankam, lief er mir schon mit dem Hute winkend entgegen. »Jo, jo – da bist du ja schon – ganz schön schnell gefahren!« streckte die Rechte zum Gruß aus, lächelte verschmitzt und flüsterte geheimnisvoll: »Ich weiß, ich weiß, die Hähne, die Hähne – jo, jo.« Mit der linken Hand zog Barthel aus der Jacke den Schlüssel für die Jagdhütte und hielt ihn mir mit den Worten entgegen: »Du kennst dich aus, schlaf etwas. Morgen früh halb vor drei Uhr treffen wir uns am Schirm auf der Moorwiese. Verschlaf es nicht, die Hähne fallen zeitig ein, wie toll sind sie bei diesem Wetter – gute Balz, jo, jo!«

… Die Sonne schien noch gluthell, ich dachte nicht ans Schlafen, war neugierig, wollte mir den Schirm anschauen, drinnen sitzen, von den Hähnen träumen, die am Morgen dort spielen und tanzen würden. Die Hütte war rasch bezogen und ab ging's hinauf zur Moorwiese. Der Schirm stand am alten Fleck, Heubunde lagen drinnen, da ließ sich's warm sitzen. Ein Jahr war es her, dass ich hier im Schirm hockte, auf die Hähne wartete, die aber weit ab balzten. Als sie näher kamen, fehlte der Alte mit den fünf Sichelfedern. Drei schneekalte Morgen hielt ich im Schirm aus, doch der Raufbold narrte mich. Barthel wollte mich aufmuntern: »Wo er nur steckt, der Luftikus, hier ist sein Platz und nicht irgendwo. Was meinst du – noch ein Versuch?« Ich winkte ab: »Nächstes Jahr komme ich wieder, pass auf den Alten mit den breiten Krummen auf.«

Die Zeit ist ein sonderbar Ding – hier schien sie nicht vergangen zu sein. Ringsum das vertraute Bild: die weiten Moorwiesen mit dem Birkenanflug, dann der Fichtenwald aus dem der Spitzberg hervor lugte. Nur der Schirm war frisch mit Reisig abgedeckt und die Heubunde erst vor Stunden hergebracht. Genug der Erinnerung. In ein paar Stunden werde ich wieder hier sitzen, gespannt lauschen, wenn der erste Hahn mit dumpfem Schlag einfällt … mit diesem Vorgefühl von Glück im Herzen fuhr ich zurück zur Hütte.

Noch vor verabredeter Zeit wartete ich am Schirm. Sternenhimmel. Drüben vom Moorrand kam das leise Rauschen der Altfichten zu mir herüber, und unten am Wegbach gluckste das Wasser über die Steine. Die Stille lebte.

Barthel ließ nicht lange auf sich warten. Er nahm ein paar Fichtenäste beiseite, wir krochen hinein, drehten die Heubunde auf den Lattenrosten um, huschten in die Fußsäcke und warteten geduldig auf die ersten Zeichen der Spielhähne.

Langsam, ganz langsam ging die Nacht, Lerchen begrüßten den Morgen, noch schläfrig ihr erstes Lied, dann sangen sie aus voller Kehle. Endlich – im grauschwarzen Dämmerlicht schwirrte der erste Hahn heran, links vor dem Schirm fiel er auf. Ganz still verhielt er sich, schien sich zu recken und zu räkeln, dann meldete er sich – erst schüchtern, dann bestimmend: tschu-chuji…tschuchuji – hier bin ich! soll das heißen. Wuff – da fiel der zweite

Hahn unmittelbar vor dem Schirm ein. Hinter uns zischte plötzlich ein Dritter. Seinen Anflug hatten wir nicht wahrgenommen, so sehr zog uns mit seinem Blasen und Kullern der erste Hahn in den Bann. Wie traumhafte Schattenwesen, mit vorgestrecktem Hals, gefächertem Stoß und gespreizten Schwingen trippelten sie umher, drehten sich, hielten urplötzlich inne und zischten mit hochgerecktem Hals, was die Lunge hergab. »Der Vorsänger ist der Platzhahn. Wenn's richtig hell wird, geht die Balgerei los, du wirst sehen«, tuschelte mir Barthel ins Ohr. Wir sahen und hörten. Wie Irrwische flatterten sie auf und nieder, zischten und kullerten, machten Luftsprünge und drehten und wendeten sich.

Dann kamen andere Töne ins Spiel. Fast unbemerkt strichen sie zu, die Verehrerinnen der Minnesänger. Mit leisem Gocken machten sie auf sich aufmerksam. Und das war die Aufforderung zum Tanz. Die Gesellschaft schien vollkommen. Hui – mit weiten Flattersprüngen kam der vor dem Schirm balzende Hahn dem Platzherrn immer näher, mit Abstand folgten die Jüngeren nach. Der alte Kämpe nahm die Herausforderung an, machte einen Riesensatz und flatterte ganz aufgeregt. »Nimm die Flinte, eh es zu spät ist. Der Raufbold wirbelt hin und her, bleibt nicht lange an einem Fleck«, gab mir Barthel zu verstehen. Und da kam er auch schon mit großen Sätzen girrend angeflattert, seinem Rivalen regelrecht entgegen gesprungen. Die beiden Jungen hielten respektvollen Abstand und fauchten und kullerten was das Zeug hielt, als wären sie allein auf der Bühne.

Jetzt standen sich die beiden Hähne immerfort kullernd und sich im Kreis drehend wie auf dem Turnierplatz gegenüber. Dieses Spiel bedeutete Vorbereitung zum Kampf, Sammeln der Kräfte, letztes Mustern des Gegners. »Nun schieß doch! Worauf wartest du noch?« hauchte mir Barthel zu. Ich spürte seine Erregung, die nichts war gegen mein Hahnenfieber. Langsam hob ich die Büchsflinte, schob sie Zentimeter um Zentimeter durch eine Schießlücke – und zögerte einen Moment … Da gingen die schwarzweiß gekleideten Ritter bereits aufeinander los, sprangen sich an, schlugen sich die Schwingen um die Ohren, dass es nur so klatschte, wirbelten dann wie ein Knäuel umher, bis der Schwächere auf dem Rücken lag. Unerwartet ließ der Sieger von ihm ab. Das nutzte der Überwältigte, stand im Nu wieder auf den Füßen, trippelte eine kurze Strecke, plusterte sich auf, zischte, als wäre er der Sieger und strich dann mir nichts dir nichts auf unseren Schirm zu – und schwang sich auf der vorderen Querstange ein.

Der Atem stockte mir, das Herz hämmerte im Hals, der ganze Hahnenjäger samt Büchsflinte zitterte. Ich wagte einen vorsichtigen Blick zu Barthel – er schaute schmunzelnd zum Hahn auf der Stange. Da wurde mir besser, und ich riskierte ebenfalls ein Auge nach oben. Der Hahn dachte nicht daran, wieder abzustreichen, hielt sich fest auf der Stange und zischte, was sein Organ hergab, als gelte es, dem Hahn der Bremer Stadtmusikanten nachzueifern.

Mit einem Male hielt der Hahn inne, hüpfte auf's Schirmdach, fing an zu kullern und drehte sich dabei – und trat mit einem Ständer durch die Fichtenäste ins Leere. Ich hätte ihn fassen können den Hahnenfuß. Der kleine Ausrutscher störte den liebestollen Sänger nicht. »Jetzt fehlt nur noch, dass der Moorgockel bei seiner Turnerei durch das Schirmdach plumpst, wir ihn nur aufzufangen brauchen«, fuhr es mir durch den Kopf. Aber die derben Fichtenäste hielten stand, der vollständige Besuch blieb aus.

Barthel gab mir ein Zeichen. Gute dreißig Schritt vor uns tanzte der Alte vor seinen Verehrerinnen, lief bald der einen, dann der anderen Henne geduckt ein Stück nach, um dann wieder seinen Reigen aufzuführen: kullernd in Halbkreisen sich drehend und dabei sein ganzes Federspiel zeigend. Der eine Hahn, auf den ich's abgesehen hatte, vor mir, der andere über mir, der nichts bemerken durfte – die reinste Gedulds- und Nervenprobe vermischt mit Hahnenfieber.

Noch hatte der Gockel über uns nichts bemerkt. Ganz, ganz langsam schob ich die Büchsflinte durchs Guckloch, zog sie sacht an die Schulter, schaute durchs Zielfernrohr, hatte den Hahn im Fadenkreuz – da unterdrückte Barthel einen Hustenreiz und nieste zu allem Unglück noch dazu. Das war dem Hahn über uns zu viel, flügelklatschend polterte er ab. Ich fuhr zusammen, dass mir die Büchsflinte fast aus den Händen rutschte. Noch ganz benommen von der Situation sah ich den Alten, den ich schon im Fadenkreuz hatte, im pfeilschnellen Gleitflug zum Moor streichen. Er folgte den girrenden Hennen, die der Schirmhahn beim Abstreichen gewarnt hatte. Die beiden Schneider machten einen langen Stingel, nahmen den Vorfall aber nicht weiter ernst und kullerten nun erst recht drauflos.

»Hol's der Teufel das Motorrad! Nur das Motorrad hat Schuld, dass ich Schnupfen bekomme – jo, jo«, schimpfte Barthel vor sich hin, nieste wie zur Bestätigung noch einmal ganz kräftig und sagte zu mir gewandt: »Morgen sitzt du hier besser allein, die Hähne kommen wieder. Immer ist es das gleiche Spiel: zuerst fällt links vom Schirm der Schneider auf den Platz, danach der Schirmhahn und gleich darauf der Platzherr. Und der heute hinter unserem Rücken balzte, zankt ebenfalls mit dem alten Platzhahn.«

»Und wenn es anders kommt?« gab ich lachend zurück. »Dann schießt du anders herum«, und damit war er fertig. Wir lachten. Während Barthel mir auf die Schulter klopfte, als ob er sagen wollte: »Morgen holst du dir bestimmt die Spielhahnfedern!« – da strich der längst verschwiegene, von uns nicht mehr für anwesend gehaltene Hahn hinter dem Schirm zum Moor. Schläfrig zusammen geduckt musste ihn unser Lachen gestört haben. »Auch das noch!« Mit ›Sakra!‹ und ›Donnerwetter!‹ schauten wir einander verdutzt an. Dann packten wir unsere Rucksäcke, krochen aus dem Versteck, räkelten uns und gingen mit »Lovu zdar! – Weidmannsheil!« auseinander – Barthel zur Holzabfuhr, ich zur Jagdhütte.

Am Nachmittag trübte sich's ein, mit dem Abend kam der Regen und blieb vier volle Tage. Daran änderten auch Barthels

120

Wetterbeschwörungen nichts, die er jedes Mal kräftig benieste. Angesichts des endlosen Dauerregens, dem ich mal aus dem einen, dann aus dem anderen Fenster der Blockhütte zuschaute, dachte ich wie Mephisto und sagte zu meinem Freund, als er am Vormittag des vierten Tages nässetriefend auf der Türschwelle stand und nicht wusste, welches Gesicht er machen sollte: »Es ist nun Zeit, hier abzufahren!«

»Jo, jo, nächstes Jahr wird alles besser sein, das Wetter, die Hähne und – der Schnupfen«, versicherte mir Barthel. Ich mochte ihm glauben und brachte meine Siebensachen zum Auto. »Vergiss unseren Schirmhahn nicht«, rief er mir nach und nieste zum Anschied noch einmal heftig in den Regen.

Hinauf zu den Mankeis …

… Auf der Choralm

Zur Choralm wollten wir, ins Kar der Murmeltiere. Anfang September war's und über Nacht, mitten in den späten Gebirgssommer hinein meldeten sich die ersten Vorboten des Winters zu Wort: der Wilde Kaiser hatte ein weißes Kleid bekommen. Hansl, mit dem ich ins Hochkar aufstieg, deutete mit seinem Bergstock hinüber zum Kaisergebirge und meinte mit heller Miene: »Ein guter Jagdtag heute; graublau und still und trocken, da sind die Mankeis über der Erde. Auf zur Choralmhütte ist Jausenzeit, steigen wir zu! Dann geht's ans Jagen.«

Kaum dass Gewehr und Rucksack auf der Hüttenveranda lagen, zog mich Hansl fort: »Nimm dein Glas und komm 'runter zum alten Ferch, von da sehen wir hinein ins Herz des Mankeireichs. Und wie dort das Herz im Hochtal unterm Chorstein schlug! Zwischen Fels und Rasen watschelten die Bergkobolde umher, verhofften, hockten da wie die Hasen, kamen auf die Hinterläufe, erstarrten zum Pfahl, ließen sich wieder fallen und huschten in den Bau zurück, um nach einem Weilchen wieder aufzutauchen. Dann ein Pfiff – ein durchdringender Schrei – und allesamt flüchteten behände unter die Erde. Zwei Kolkraben ließen sich durch den Kessel treiben – Störenfriede am frühen Vormittag.

»Hier ist alles dicht beieinander«, erklärte mir Hansl, »unten die Winterbaue, etwas höher am Hang im Trümmergestein die Sommerröhren. Die Mutter- und Winterbaue liegen nach Süden hin; oben im Mittagsschatten die Sommerbaue und Notröhren, denn vor allzu großer Hitze fliehen die Murmel. Drüben auf der Talkaseralm haben wir vor fünfundzwanzig Jahren zwei Hände voll Mankeis ausgesetzt, glaubten dort den rechten Ort gefunden zu haben, und es ging auch so halbwegs voran mit ihnen. Doch dann geschah etwas Unerwartetes: sie wanderten ab. Stück um Stück überstellten sich die Mankeis zur Choralm hin. Ganze fünf Jahre brauchten die Murmel für die drei Kilometer und fühlen sich nun richtig wohl hier – größer und größer wurde die Kolonie.«

Hansl stieß mich an: »Komm, gehen wir zurück zur Hütte, zum Stärken!« Nichts trieb uns, wir nahmen die Zeit beim Schopf und gingen großzügig mit ihr um, ließen uns verführen vom morgendlichen Zauber der Alpen. Unten im Kar die Murmel, uns zu Füßen der riesige Talkessel bis hinauf zum Gambenkogel und drüben ganz in Weiß der Wilde Kaiser.

Die Natur schläft in den Steinen, lebt in den Bäumen und trägt in den Bächen die Zeit mit sich fort.

Mit einem Mal kam Leben in Hansl, er drängte zum Aufbruch: »Machen wir uns auf den Weg, die Murmel warten auf uns«. Am Ferch zeigte er auf einen langgestreckten Felsen: »Dort ist dein Platz. Geh glatt drauf zu und denk an den hellen Nasenfleck –

Weidmannsheil« Bedächtig stieg ich in den Stein- und Wiesenkessel hinab, jeder Schritt war Jagd, verflogen die beschauliche Ruhe.

Hinter dem Felsblock hockte sich's gut. Geradewegs vor mir im Rasen ein graubrauner Hügel, wenig darüber neben einem Felsbrocken sah's auch danach aus: herausgegrabene Erde vor den Röhren der Baue. Nun hieß es warten, Geduld haben, doch stets voller Unruhe sein, denn jeden Augenblick konnte das eine oder andere Murmel auftauchen … Und schon – eins – zwei – drei – saß oben ein Mankei vor der Ausfahrt. Flugs verschwand er im Gewirr der Steine. Wenig später kam er wieder zum Vorschein, hockte sich auf eine Felsplatte hin. Den Kopf vorgereckt, saß er da und rührte sich nicht von der Stelle.

Das zusammengeduckte Murmel fesselte mich so sehr, dass mir sein Vetter weiter unten fast entgangen wäre. Auch er hockte vor der Röhre, als ob ihn die Welt nichts anginge. Fest im Glas hatte ich den braunen, molligen Nager mit dem hellen Geäse und der dunklen Stirn. Ein drittes Murmel gesellte sich hinzu, watschelte an meinem »Bauhocker« vorbei, suchte hin und her.

Mein Blick ging mal nach oben, dann wieder zum vor mir hockenden Mankei. Ganz schön aufregend, alles im Auge zu behalten, denn blitzschnell kann sich aus der Ruhe lebhaftes Treiben entwickeln … und kaum gedacht – wie von einer Tarantel gestochen fuhr mein Steinmurmel hoch und ließ sich vom Felsen fallen – fort war es! Der Faulpelz hier unten vor der Röhre sah das nicht als Störung an, er blieb sitzen. Vor mir auf weicher Unterlage die Hornetbüchse – die Versuchung ob der langen Warterei war groß: Sollt' ich's wagen oder …? da richtete sich das Murmel auf und zeigte mir die volle linke Seite – und wie ich durchs Glas mein Ziel suchte, fiel es wieder zusammen. »Alle Wetter«, dachte ich, »jetzt fehlt nur noch kehrt und ab in den Bau zurück oder mit raschen Watschelschritten hinab ins Grüne. Da – ein Pfiff – und hoch war das Murmel. Ein Griff um die Büchse und Stechen und unterm Hals zwischen den Vorderläufen angefasst. Im Schuss sank das Murmeltier zusammen. Von drüben vom Hang kam Hanl's Juchschrei – dann beim Murmel ein Staunen: die Nager waren lang durchgewachsen und scharf gebogen. »Ganz was Seltnes!« wiederholte Hansl mehrmals. Ich freute mich über beides: über den Murmelbär mit den geschwungenen Nagern und über Hansl's Almrosenbruch.

… Unter der Clara-Hütte

Das Wetter hatte sich zum Besseren gewendet: was der Vormittag versprach, hielt der Nachmittag – Toni musste es wissen: »Fahren wir hoch zur Eckalm«, rief er mir zu, »von dort schaffen wir den Aufstieg bis zum späten Nachmittag.« Gesagt, getan – ich schlug nicht aus, packte den Rucksack. Recht spät war's schon, als wir das Murmelkar erreichten, doch die Bergtrolle schienen sich noch nicht zur Nachtruhe zu rüsten, watschelten durchs Gras, hockten auf Felsen herum.

Toni wusste wohin, wir liefen zu, schon gellten die Pfiffe, und leer war das Kar. Ohne von den weghuschenden Mankeis Notiz zu nehmen, strebte Toni einer Felspartie zu. Hinter ihr bauten wir uns auf. Nach einem Weilchen, als sich nichts um uns herum tat, flüsterte mir Toni zu: »Wir sind wohl doch ein wenig zu spät dran – aber was hilft das jetzt …«

Dann ein Pfiff und danach ein gellender Schrei – doch so sehr wir uns anstrengten, ein Murmel entdeckten wir nicht. Wenig später stieß mich Toni an: »Eine Katz muss gepfiffen haben, siehst du die beiden Affen auf dem Stein?« Zusammengekauert hockten sie da, rührten sich nicht. Vor uns auf dem Rasen tat sich nichts. Oben zeigte sich die Mütterin, verschwand aber sogleich wieder. Wie mein Blick von den Halbwüchsigen zurück glitt, streiften die Augen ein kerzengerade sitzendes Murmel. Wie aus dem Boden gewachsen stand es da und äugte in unsere Richtung. Längst hatte

Toni das Glas an den Augen, dann tippte er mich an: »Alter Bär oder alte Katze, nimm die Büchse!« Vorsichtig schob ich das Gewehr auf den zusammengelegten Mantel und fasste das Murmel zwischen die Vorderläufe: Patsch – und Zusammensinken ... und Toni klopfte mir auf die Schulter: »Besser konnt's nicht zugehen, Weidmannsheil«

Wenig später hob ich das Murmel aus dem Gras: eine alte Katz, ungewöhnlich stark, tieforange die Nager. Toni brachte mir den ersten Wacholderbruch. Als wir dann vom Kar hochstiegen, lagen die Tauern im Abendlicht, und in den Felsenbergen herrschte steinerne Ruhe.

Wo die Alpen am wildesten sind

Ins Höllengebirge hatte uns Toni eingeladen: »Kommt zu mir Gamsjagern, die Böcke sind feist und bequem. Vorpass am Abend oder morgens, ganz wie ihr wollt. Wir bleiben auf der Kaiserhütte.« Adi konnte es einrichten, und ich schaffte es auch. Toni schwenkte schon von weitem den Hut, als ob wir uns ein halbes Leben nicht gesehen hätten. »Habt ja Altweibersommer mitgebracht – gut fürs Bergsteigen, nicht gut fürs Gamsjagern. Leichter Regen wär' besser. Probieren wir's, es wird schon passen. Auf geht's zur Hütte!« ermunterte uns Toni. Durchgeschüttelt von Kopf bis Fuß erreichten wir das Jägerhaus, und Toni wollte gleich von mir wissen, wo ich schlafen möchte: »In Kaiser Franz seinem Bett oder in Sissi's? Alles noch im Original, auch der Tisch, an dem wir sitzen! Ins Höllengebirge kam Franz Josef oft, hier war gutes Riegeljagen.« Dann kam Toni wieder auf den Kern der Frage zurück. »Wo willst du nun schlafen? Als Gast hast du die

Wahl!« »Natürlich bei Sissi!«, gab ich zurück – was anderes hatte Toni auch nicht erwartet.

Dann gingen wir zur Tagesordnung über; Toni heizte ein: »Wenn wir vom Jagern kommen, muss es gemütlich sein in der Hütte. Dann sitzt sich's gut beim Wein und es macht Lust aufs Erzählen.« Da meldete sich Adi: »Ich hab da ganz was Interessantes zu berichten. Zugetragen hat sich's schon vor Jahren drüben in Osttirol, doch der Schluss der Geschichte ist noch nicht alt – erst ein paar Tage her!«

Toni drängte zum Aufbruch: »Jetzt wollen wir erst mal nach den Gamsen schauen, zum Erzählen hat's noch Zeit genug am Abend. Vielleicht kommt uns das alte Einhorn vor die Büchse, an die zwölf Jahre mag der Bock auf dem Buckel haben. Eine leichte Lawine muss ihn erfasst und an die Felsen geschleudert haben ...«

Nach einer guten Wegstunde vor uns das schroffe, zerklüftete Felsmassiv, die Adlerspitze, der Abschluss einer breiten Rinne, die sich vom Kamm herunter zieht, Schuttfelder und Grasflecken, Latschen und Fichtenholz – das Reich der Gamsböcke in der Feiste. Wir saßen und hielten Ausschau. Hinauf zu den Latschen glitten unsere Blicke, dann wieder den Hang hinab und hinüber zur Adlerspitze. Doch weder zeigten sich Gamsen, noch steinelten sie unsichtbar für unsere Blicke.

Mit der Dämmerung kam der Wind. Toni steckte das Glas unter die Jacke und schüttelte sich: »Mit dem Büchsenlicht ist's bald vorbei, gehen wir, morgen früh wird's besser sein, wenn der Wind sich legt.« Der Abstieg fiel mir leicht. Ich dachte an die Hütte, an wohlige Wärme und Petroleumfunzel, an Speckbrot und Wein, ans Plauschen und ans Jagern in der Früh'.

Die Hüttentür knarrte. Unterm Zündholz flackerte die Lampe auf. Toni räumte zum Jausen hin, Adi klapperte im Nebenraum mit den Weinflaschen, ich kümmerte mich um den Ofen. Vor uns lag ein langer Abend. Von seinem Revier in Osttirol wollte Adi erzählen, von ganz was Besonderem ...

127

»… Ich hatte es mir in den Kopf gesetzt, ein Osttiroler Revier zu pachten, träumte von den Tauernbergen, wo es noch so richtig urig zugeht, wo man sich als Jäger beweisen muss, wo Jagd noch echtes Abenteuer bedeutet. Nach dieser weltfernen Einsamkeit sehnte ich mich. Während einer Herbstjagd in den Heimatbergen hatte mir ein Freund den Wink gegeben, dass an der Grenze zu Südtirol eine 2000 Hektar große Eigenjagd zum Verpachten anstünde. Der Bauer, dem sie gehörte, wollte mit dem Gewohnheitsrecht brechen und die Jäger vom Dorf los werden, die nicht viel mehr als ein paar Liter Wein zu bieten hatten. Ärger, gar heftigen Streit soll es gegeben haben …

Kurz und gut ich fuhr hin, fasste zu und zahlte und hatte die Jagd. Schon auf dem Nachhauseweg kamen mit Zweifel ob des raschen Pachterfolges. Der Bauer hatte die Jäger los, ich sie bestimmt am Hals, hatte ich ihnen doch das Revier vor der Haustür weg geschnappt, was sie ihr eigen nannten. Doch die Freude über den erfüllten Wunsch verdrängte die unbehaglichen Gedanken, war ich doch ihr Landsmann von »über den Bergen« aus dem Salzburger Land.

So oft es mir möglich war, fuhr ich in mein neues Revier. Das erste, was ich zu spüren bekam: die Dörfler mieden mich, kein »Grüß Gott!« erwiderten sie. Nur der Krämer, der Schreiner und der Schmied wurden nach und nach zugänglich. Bald frugen sie mich, wie es mit dem Wild stehe, ob in den Latschen gute Böcke zu finden wären und wann ich denn wiederkäme, Kitzbühel läge ja nicht um die Ecke.

Einfältig ihre Fragen, leicht zu durchschauen. Die Drei gingen auf die Stör, wie man in Tirol sagt, sie gingen von Haus zu Haus, der Krämer um seine Waren anzubieten, Schreiner und Schmied um zu handwerken. In den Häusern erzählten sie brav, was sie von mir gehört hatten. Und die Jäger im Dorf, die nicht mehr frei jagen durften, wussten Bescheid, was sie davon zu halten hatten oder was nicht.

128

Wollt' ich's anfangs nicht so recht glauben, bald wusste ich's: es wurde gewildert und zwar sehr rege. Büchsenknall zu jeder Tageszeit, doch immer entfernt von der Stelle, an der ich mich aufhielt. Weniger der Krickeln, vor allem des Wildbrets wegen stiegen die Einheimischen in die Berge. Noch in den sechziger Jahren herrschte bei den Häuslern Armut. Nicht selten saßen zwanzig Häupter um den Tisch. Schweinefleisch gab's nur dreimal im Jahr: zu Ostern, zu Allerheiligen und zu Weihnachten. Schafe, Ziegen und Rinder mussten des Geldes wegen verkauft werden. Doch alle wollten essen. So holten sie sich den Braten aus den Bergen, scherten sich nicht um Recht und Gesetz. Die Jagd gehörte so selbstverständlich zu ihrem Leben wie das tägliche Brot. Ob der Wildbestand gut oder schlecht war, störte sie nicht. So lange es Wild gab, wurde ihm nachgestellt. Die Folge war: in keinem Jahr erfüllte ich den Abschuss. Es gab ideale Hochlagen fürs Krickelwild, doch nie sah ich dort auch nur eine einzige Gams.

Selbst nach Jahren galt ich bei den Dorfbewohnern noch als »Zugereister«, blieb der Fremde im Tal. So sehr ich mich auch mühte, ich kam nicht hinter die Schliche der Wilderer. Bald hieß es im Dorf: »Der Jäger traut sich nicht, Wilderer zu stellen.« Das einzige, was mir in die Hände fiel, waren zwei randlose Patronenhülsen vom Kaliber acht Millimeter. Ich fand sie neben einem Baumstupf im Jungwuchs. Von der Stelle konnte man die gegenüber liegende Felswand samt dem Vorgelände einsehen – ein idealer Ansitzplatz!

Ins Revier führte nur ein einziger Weg, der durch das Tal. Über die Bergketten ging nichts, wäre zu aufwändig gewesen. Tagelang saß ich an, denn einmal mussten sie ja zurück und mir in die Arme laufen. Auf meinem Weg zum Vorpass musste ich am alten Sägewerk vorüber, und immer traf ich mit dem Säger zusammen. Stets war er damit beschäftigt, seine Späne vom Hof zu räumen und in den Bach zu schütten. Ich ging auf ihn zu, doch aus seinem zahnlosen Mund kamen immer dieselben Worte: »… muss arbeiten, arbeiten, keine Zeit zum Ratschen …«

Auch der Fassbinder, der das letzte Haus bewohnte, wurde mit den Jahren nicht eben gesprächiger trotz ausgiebiger Rast vor seiner Tür. Wenn ich kam, machte er sich an einer offenen Feuerstelle zu schaffen. Auf meine Frage, wozu diese im Freien nötig sein, antwortete er: »So biegen wir unsere Zaunringe, kannst zuschauen.«

Wieder einmal befand ich mich auf dem Weg in die Berge. Doch das Wetter hielt nicht, Nebel kam auf – Gamsfeiertag. Da überraschte ich ganz unerwartet im felsigen Gelände zwei Wilderer, die grad' damit beschäftigt waren, eine Gams aufzubrechen. So verdaddert standen sie da, dass ihnen Widerstand nicht in den Sinn kam. Ich nahm den beiden Kerlen die Gewehre ab – zwei Abschraubstutzen mit der kleinen Vierlingspatrone – ließ sie den rechten Schuh ausziehen, auch die Strümpfe, und warf alles zusammen in den Gletscherbach. Die Gesichter verrieten es mir, was sie dachten: ein schmerzhafter Abstieg stand ihnen bevor, schmerzhafter als die geringe Strafe, die sie erwartete. Wildern galt als geringes Delikt. Dann musste einer der Beiden die Gams aufhucken und ab ging's ins Tal.

Den gewilderten Gamsbock samt Grind schenkte ich dem Fassbinder, seine zwölf Kinder sollten sich mal richtig satt essen. Er bedankte sich mit vielen Verbeugungen und gratulierte mir zu dem Wildererfolg. Mein Erfolg zeigte keinerlei Wirkung, das Wildern ging weiter, der Fassbinder sagte nur: »Darfst sie nicht ausschließen, die Jäger!«

»Es wird so besser sein«, überlegte ich und gab über den Fassbinder zu verstehen: »Wer von den Jägern wolle, könne mit mir gehen, Geißen und Kahlwild und Rehe schießen und das Wildbret behalten für wenige Schillinge.« Das Wildern ließ nach, und ich wusste, wen ich noch zu gewinnen hatte, damit es gänzlich aufhörte.

Der Naz war es, einer der Bergbauern. Gut eine Stunde über dem Dorf befand sich sein kleiner Hof. Von dort eröffnete sich vom Adlerhorst in der höher gelegenen Wand ein weiter Blick auf das Revier. Zunächst versuchte ich, ihn beim Wildern zu überlisten. Nächtelang hab ich auf ihn gewartet, wusste, dass er sich in den Bergen aufhält. Doch zu fassen bekam ich ihn nicht. Am Morgen, wenn ich aus den Bergen zurück kam, hat er mir vom Balkon zugerufen: »Jäger, kannst heimgehen, bald ist die Nacht gar!« Es blieb mir ein Buch mit sieben Siegeln, wie er von den Bergen kommend, ungesehen in sein Haus gelangen konnte. Erst Jahre später sollt' ich's erfahren.

Als wir uns eines Frühlingsabends im Gasthof begegneten, bot ich ihm ganz frei heraus einen Hahnenabschuss an. Sichtlich überrascht von meinem Angebot antwortete er mir: »Jäger, willst mich ärgern?« Doch dann nahm er mich beim Wort: »Also gut, ein Uhr nachts bei meinem Hof!« Pünktlich fuhr ich mit dem Motorrad an Naz's Anwesen vor. Er wartete bereits auf der Vorbeibank. Ein leises »Guten Morgen, 's ist Hahnenwetter, gehen wir's an ...«, flüsterten wir uns zu.

Auf dem Gamseck balzten mehrere kleine Hähne. Das Gamseck, eine Alm oberhalb der Waldgrenze, erreicht man nach drei Stunden Fußmarsch. Zwei Stunden mochten wir gegangen sein, da stubste mich Naz mit dem Bergstock und sagte: »Hier wird gerastet, so eilig haben wir's im Leben nicht, eine kleine Verschnaufpause tut gut!« Naz kannte die Stelle, ein abgebrochener Baumstamm unter einem überhängenden Felsen. Nur zu gern stimmte ich zu, denn meine Salzsteine im Rucksack, die ich für die Gamsen einschlagen wollte, drückten ganz ordentlich. Wie ich die Taschenlampe hervor kramte, um nach der Uhr zu schauen, brummte Naz: »Schalt das Licht aus, das stört die Nacht, verrät den Jäger!«

Schweigend saßen wir nebeneinander auf dem Stamm, Wilderer und Jagdpächter. Da spürte ich plötzlich seine Hand auf meinem

Arm, dann ergriff er meine Hand, drückte sie ganz fest und sprach langsam, geheimnisvoll, fast feierlich: »Wenn ich nur ein Stück Wild im Jahr bei dir schießen darf, brauchst auf mich nimmer aufzupassen, ich versprech's dir!« Einem Schwur glichen seine Worte. »Zweckbündnis oder vorsichtige Freundschaftserklärung? Wohl von beiden etwas«, dachte ich.

Wir nahmen unsere Rucksäcke und stiegen zum Balzplatz hinauf; kein Wort fiel mehr. Am Tummelplatz der bunten Hähne angekommen, überließ ich's Naz, die Stelle zum Ansitzen auszusuchen. Vor einer umgestürzten Lärche machte er Halt. »Hier ist's gut«, murmelte er. Noch war Zeit, tiefer Schlaf ringsum. Dann ein schwirrender Flug und dumpfer Auffall und wieder Schwingenschlag. Die ersten Hähne balzten ganz dicht vor uns, zischten und rodelten, was das Zeug hielt. Wie es hell genug war, flüsterte ich Naz zu: »Such dir den Richtigen aus!« Augenblicke später krachte der Schrotschuss. Der Hahn purzelte, überschlug sich, lag still. Ich wollte aufstehen, den Bruch holen, aber Naz winkte ab: »Warten wir noch ein Stündel, lass die Hähne weiter balzen.« Es wurde eine köstliche Stunde daraus. Fünf Hähne zischten und rodelten um die Wette, Schneehühner knarrten darüber hinweg, Schneehasen hoppelten quer über den Balzplatz, neben uns ein Schwarm Fichtenkreuzschnäbel, die in den Lärchen nach Futter suchten. Und ringsum die gezackte Bergwelt in gleißendem Weiß …

Dann plötzlich helle Aufregung. Jäh verstummten die Balzgesänge, die Hähne machten lange Stingel und strichen ins hohe Holz. Da sahen wir die Ursache der Störung: ein Steinadler kam ganz tief vom Kar herüber gestrichen. Naz stand auf und holte seinen Hahn. Stolz präsentierte er mir den Vogel, einen alten Kämpen mit vier breiten Krummen. Als ich ihm den Bruch überreichte, schaute ich ins Antlitz eines überglücklichen Bergjägers. Nichts war ihm wichtiger, als den Hahn auf den Rucksack zu schnüren, ihn offen tragen zu können. Dann trennten wir uns;

Naz stieg ins Tal hinab, ich ging mit dem Salz weiter hinauf zum Gamskar. Wir winkten uns mit den Bergstöcken zu und ich wusste, dass es mit der Wilderei nun ein Ende hatte.

Am Sonntag drauf lud mich Naz zum Essen ein, gern nahm ich seine Einladung an. Es gab Honig-Krapfen und Milch. Nach dem Essen winkte er mir zu, ich solle ihm folgen. An der Hinterseite des Hauses hing der Hahn. Ob ich ihn mitnehmen würde zum Präparieren, fragte er mich. »Unter einer Bedingung«, entgegnete ich lächelnd, »Naz, willst mein Jäger werden?« Da fiel ihm vor Überraschung die Pfeife aus dem Mund – »Ja, ja«, murmelte er in sich hinein.

Naz wurde mein Jäger. Er bekam freie Büchse, und das war der Segen für das Revier. Wilderei gab's nicht mehr, und im Dorf fand ich offene Menschen. So erfuhr ich auch das – wenngleich hinter vorgehaltener Hand –: vor Naz hatte man Respekt. Sein Spruch lautete, die Wilderer nicht anzeigen, nur eine tüchtige Tracht Prügel verabreichen, das wirkt am besten!

Nachdem wir schon mehrere Jahre gemeinsam gejagt hatten, uns prächtig verstanden, wollte ich ihm die Wilderergeheimnisse entlocken, wollte wissen, warum es mir nur einmal gelang, zwei junge Burschen auf frischer Tat zu stellen. »Du erfährst es noch früh genug«, antwortete Naz.

Wieder gingen Jahre darüber hin. Naz feierte den 65. Geburtstag. Nur einen Wunsch hatte er: Im Höllengraben hatte er eine steinalte Geiß ausgemacht, und ich sollte ihn dorthin begleiten. Eine Gams in der steilen Schlucht zu schießen, würde ja noch angehen, doch bei der Bergung möchte ich ihm helfen. Ich versprach es ihm. Ganz sicher kannte sie Naz schon über Jahre und wollte es noch einmal wissen. Als Naz meinte, es sei die richtige Zeit, machten wir uns auf den Weg zum Höllengraben, standen mehr als wir pirschten, und Naz schoss in den Wänden ganz sauber eine Altgeiß. Eine schweißtreibende Kletterei gab's, bis wir vor der Geiß standen. Noch schwieriger ging's mit dem Abstieg.

Es war Naz anzumerken, dass es ihm schwer fiel mit der Last auf dem Rücken, aber abnehmen ließ er sich die Gams nicht.

Dann kam das letzte Pachtjahr, das Zwanzigste. Ein Arzt aus Hamburg bot die doppelte Summe und war bereit, noch mehr drauf zu legen. Ich konnte und wollte nicht mithalten. So ging mir mein Tauernrevier, das ich über alles liebte, verloren.

Von Naz verabschiedete ich mich mit dem Versprechen, ihn oft zu besuchen. Doch was nützen die besten Vorsätze, die Tatsachen sehen meist anders aus. Selten kam ich wieder in meine Bergwelt am Großvenediger. Da erreichte mich die Nachricht, dass es mit dem Naz nicht gut stünde. Nun gab es keinen Aufschub. Er lag im Bett und winkte ab: »Nicht gut geht's mit dem neuen Pächter. Nur junge Böcke schießen die Herren, verstehen nichts vom Jagern. Aber soll es sein, meine Zeit ist bald vorbei, die Berge sind nichts mehr für mich. Weißt noch, der Hahn oben am Gamseck? Und die steinalte Gams vom Höllengraben? – Jäger, ich danke dir! Und wie schwer haben wir es dir am Anfang gemacht!«, fuhr er fort.

Das nahm ich zum Anlass und frug: »Sag' Naz, warum hab ich es nicht geschafft, dich zu erwischen? Wie kamst du auf den Hof, wenn ich auf Vorpass saß?« Naz lächelte müde: »Nun ja, hinterm Haus geht vom Wald her ein Rohr, das früher das Wasser zur Mühle führte. Da kannst du durchkriechen direkt bis zur Scheuer. Wir spielten Hase und Igel!«

Und wie stellten es die anderen an?« wollte ich wissen. »Nun, der Säger unten am Bach sah dich kommen und schüttete einen oder zwei Körbe Späne in den Bach. Jeder Wilderer im Dorf wusste, treiben Späne im Wasser, bist du unterwegs in die Berge. Als Dank für die Gefälligkeit bekam der Säger Wildbret, das er dann teuer in der Stadt verkaufte.« Weiter erzählte Naz: »Aber auch der Fassbinder half den Schützen. Brannte sein Feuer, mussten sie vor dir auf der Hut sein. Das Haus vom Fassbinder liegt so, dass das Feuerzeichen weithin jeder sehen konnte. Als du die beiden Wilderer geschnappt hast, herrschte Nebel, deshalb war der Feuerschein im Tal nicht zu sehen.«

Lange noch saß ich an Naz Bett. Viel hat er mir noch erzählt übers Jagen in seinen Bergen. »Jetzt gibt's nur noch schlechte Jagd«, klagte er, »das Geld bestimmt über die Jagd und macht sie kaputt.« Recht gab ich ihm, hab es selbst erfahren. Zum Leben des Bergdorfes gehört die Jagd. Wer sie nimmt, macht aus den Jägern Wilderer.

Als ich mich von Naz verabschiedete, wussten wir, was kommt. Zwei Tage später hielt ich die Nachricht in den Händen – ich hatte einen Freund verloren. Vor ein paar Tagen besuchte mich seine Frau und übergab mir einen Sack. »Von Naz«, sagte sie, »für dich!« Ich ahnte, was sie mir da brachte. Seine Wildererwaffen steckten drin. – »Wenn ihr wollt, fahren wir mal rüber in die Osttiroler Tauern, unendlich schön ist's dort!«

… Kurz war die Nacht, und die ersten Schritte hoch zur Adlerspitze fielen schwer. Der Ansitz am Grat, das Warten auf die Gamsen ließ die Anstrengung beim Aufstieg vergessen. Wie ich so saß und mit den Augen in den Lücken der Latschenkiefern nach Gamsen suchte, steinelte es unter mir. Toni hörte nichts, er hatte sich lang ausgestreckt und schlief. »War wohl nichts gewesen«, dachte ich und legte das Glas aus der Hand. »Doch, doch, da bewegen sich ja Äste!« Grad wollte ich nach dem Glas greifen, da lugte eine Gams aus den Latschen hervor, machte einen Schritt und noch einen und stand in voller Größe zwischen zwei Kiefernbüschen – zum Greifen nah! Ich stieß Toni ganz sacht an. Wie aus einem schönen Traum gerissen räkelte er sich, blickte um sich, sah die Gams – die Gams sah seine Bewegung – und wie von der Kugel getroffen schnellte das Stück in die Latschen hinein …

Toni wurde daraufhin hellwach und schaute zum Hang gegenüber, dem Einstand vom Einhorn. Doch der ließ sich nicht blicken. Da tauchte plötzlich Scharwild auf, zog über freie Grasflecken. Toni flüsterte mir zu: »Da ist eine Gams für dich dabei.

Das letzte Stück im Rudel ist eine alte Geiß ohne Kitz – schieß!«
Raus war der Schuss! Ich sah noch, wie die Gams strauchelte. Als
wir an der Hütte ankamen, wartete Adi mit Brot und Käse, Speck
und vollen Gläsern auf uns. Toni zwinkerte mir zu, als er die
Gams ablegte. Ich musste an Naz denken, dem das Tragen der
Gams aus dem Höllengraben nach seinem 65. nicht mehr so leicht
gefallen war.

Im Banne des Krivaň

Noch ganz und gar im Zauberspiel des schwarzen Waldvogels
versunken, mache ich mich auf den Weg zur Hütte. Wie eine
Spukgestalt, die das Licht fürchtet, war er plötzlich nach so viel
Gesang abgestrichen. Erst ein langer Stingel, dann ein suchendes
Hin- und Herwenden, und schon rauschten die Schwingen. Nun
wärmt die Sonne den heimlichen Flecken, der jetzt verschweigt,
was er im heraufdämmernden Morgen, im Zwielicht der ersten
Sonnenstrahlen erlebte.

Diesen Platz und noch zwei andere Balzen hatte ich selbst ausgemacht. Denn mehr als »Ano, ano – tam naproti tokají take
tetřevi, asi tři nebo čtyři – Ja, ja – da drüben balzen auch Hähne,
drei oder vier!« erfuhr ich von meinem Hahnenjäger nicht. Ihm
schien der in der Nähe des Hrádok befindliche Balzplatz für
unsere nachmitternächtlichen Unternehmungen zu genügen.
Doch als Karel mir nach drei erfolglosen, dem Regen zum Opfer
gefallenen Anläufen erklärte, ich solle in den nächsten Tagen mein
Heil allein versuchen, brachte ich die Sprache wieder auf das mich
interessierende Waldstück über dem Hybica-Bach. Vom Gefühl
her zog es mich dorthin.

»Dobře, dobře – kohoutci tam jsou – skus to na Hluchánce – Gut, gut – die Hähne sind da – versuch es am Berg Hluchánka!« Das ließ ich mir nicht zweimal sagen: »Wenn das nichts wär' – am Auerhahnberg auf den Großen Hahn!« Ganz sicher balzten in dem vorgeschobenen Waldstück der Liptauer Tatraberge mehrere Hähne; ungewiss war nur, wo sich die Heiligtümer der großen Waldvögel befanden. Doch das wollte ich heraus bekommen. Nicht der Schuss auf den balzenden Hahn ist die eigentliche Leistung des Jägers, das Bestätigen und das Anspringen am Morgen bis auf Schussentfernung ist das Meisterstück.

Ganz zufällig, obwohl ich ja nur zu dem Zweck unterwegs war, fiel mir einer der Balzplätze in der Nähe des Hybica-Baches ins Auge. Auf dem lehmigen Waldweg fährtete sich Meister Petz, recht frisch waren die Tritte. Neugierig spürte ich weiter, aber schon nach wenigen Schritten endete der Nachtspaziergang auf dem bequemen Pfad. Der Bär hatte es vorgezogen, in die links-seitige, etwas abschüssige Dickung zu traben. Wer weiß, was ihn dorthin gelockt haben mochte. Doch keine hundert Schritte weiter kreuzte die Fährte erneut den Weg, um sich im Blaubeer-kraut des Hochwaldes zu verlieren. Schon wollte ich umkehren, da fiel mein Blick auf einen hellen Flecken in den Altfichten. Magisch zog mich die Stelle an und siehe da: die Blöße ent-puppte sich als Balzplatz – alter Windwurf, größere Grasinseln, auch etwas Anflug und nicht zu übersehen die Balzlosung. »Ganz sicher, hier herrscht am Morgen reges Treiben«, redete ich halblaut vor mich hin und freute mich, als ginge es auf Weih-nachten zu.

Das Verhören konnte ich mir sparen, doch der Weg hierher musste ins Gedächtnis. Aus altem Gras machte ich mir ein paar Wische, die genügten, um bei klarem Himmel sich zurecht zu fin-den. Wenn die Nacht hielt, was der Vormittag versprach, dann würde es hier in der Frühe ein Balzfest mit mehreren Hähnen geben. Was wollte ich mehr?

Helle Sternennacht empfing mich vor der Hütte. Ich lief rasch und machte erst an der letzten Markierung auf Hörweite vom Balzplatz Pause. Es war noch lange vor der Zeit des Hahnes. So hält es der Jäger, wenn Außergewöhnliches bevorsteht. Weit vor der Zeit ist er an Ort und Stelle. Denn Urhahnbalz gehört zu den ganz großen jagdlichen Ereignissen, gleich ob als Jäger mit Beuteabsichten oder nur als stiller Zuschauer.

Mit dem ersten Frühlicht im menschenfernen Bergwald schlug das sich ergebende Hoffen auf den Hahn in Ungeduld um. Zweifel kamen auf: »Der Hahn müsste längst wach sein. Vielleicht wurde er am Abend vom Marder gestört?« kam es mir in den Sinn. Doch nein! Wie eine Erlösung wirkten die ersten Takte. Langsam, noch schläfrig zählte er an – Schluss – Pause. Jetzt setzte er wieder ein, kam schneller voran mit seinen Glepfern – und wieder verschwieg er. Gespannt horchte ich in die Richtung des Hahnes, das volle Lied herbei sehnend. »Denn bei dieser Stille müsste auch das Schleifen, des heisere Zischeln, das den Hahn taub macht, von hier zu hören sein«, vermutete ich.

Da war es wieder: das kurze Knappen, das wie harter Tropfenfall in eine Metallschüssel klingt. Immer rascher schnalzte der Hahn, überschlug sich in den Hauptschlag und klang aus in feinem Schleifen. Noch zwei, drei dieser geflüsterten Verse, dann aber vorwärts! Ganz nah wollte ich ihn im Blick haben.

Den Hut tief gezogen, die Hände in den Taschen, so kam ich mit zwei, drei Schritten Meter um Meter voran. Noch drei, vier Gänge, dann stand ich, gut gedeckt von einer starken Fichte und hatte den scheuen Sänger im Blick. Ganz frei fußte der dunkle Riesenvogel auf dem weit ausschwingenden, starken Ast. Vers auf Vers perlte er in den Morgen, und ich lauschte und sah, wie Farbe in sein gesträubtes Gefieder kam. Da, vor mir huschte eine Henne fort – eine Aufforderung für den stets argwöhnischen Hahn, nach so viel Jubel, nach so viel Liebeserklärung zu verstummen, der braunen Schönen zu folgen. Da, ganz leise glepfte hinter mir ein zweiter Hahn – und wieder – und wieder. Dann verstummte auch er.

Mit diesem Nachklang im Jägerherzen ging ich einem hellen Maimorgen entgegen – in das offene Land unter der Tatra, wo der Wald sich auflöst und in Tupfen die einsamen Bergwiesen belebt. Zu schön leuchtete die Natur, um den Tag in der noch winterlich-dumpfen Hütte zu verschlafen. Am Hang des Hrúbý gruň, des Großen Grünen Berges, wollte ich meine weiteren Hahnenpläne schmieden.

Für den Aufmerksamen gibt es auf diesem Flecken Erde Schönheit im Überfluss. Unter mir drängt der Frühling in die Weiden und Felder, zartes Grün legt sich über das winterliche Grau der Sträucher und Büsche. Der dunkle Wald, der die Bergriesen umgürtet, hängt noch am Winter. Und erst die Gipfel: eingehüllt in Eis und Schnee strecken sie sich in den wolkenlos blauen Himmel. Hinter mir auf den Važecer Wiesen vollführen Morgen für Morgen die Birkhähne ihren Frühlingsreigen, im Bergwald balzen die Großen Hähne, und oben im Gefels suchen Gämsen schneefreie Plätze.

Zwei Jahreszeiten – Frühling und Winter – anmutig und unerbittlich streng in einem Blick.

Vor mir zum Greifen nah – der Kriváň – der Krumme, Eckpfeiler der westlichen Hohen Tatra. Man sagt ihm nach, er, der Fünfthöchste im nördlichen Karpatenbogen, sei der Schönste unter den Tatrabergen. Mit seiner gebogenen Nase blickt er auf die niederen Liptauer Berge und kehrt seinen fast ebenbürtigen Nachbarn im Osten, dem Krátka-Massiv und der Ostrá den Rücken.

Im Schoße seines östlichen Steilabfalls, im oberen Važecka dolina, haben die Murmel ihr Reich. Dort im Trümmergestein am Zelené pleso, am Grünen See, belauschte ich ihr munteres Treiben. Wie sie behände über Felsplatten glitten, sich kerzengerade aufrichteten, dann sich wieder zusammen kauerten, bis ein Laut sie aufschreckte und alle im Bau verschwanden. Doch die Neugier

war groß; es dauerte nicht lange, bis ein Kopf in der Einfahrt auftauchte. Schien dem Mankei nach langem Sichern die Luft rein,
begann das possierliche Leben zwischen Steinschutt und Rasen
von Neuem. Stunden hockte ich hinter meinem Versteck. Die
ganze Murmelfamilie und ihre Verwandtschaft lernte ich kennen.

Doch nicht nur den Murmeltieren gehört dieser streng ge-
schützte Gebirgskessel, auch das Gamswild liebt dieses ruhige
Hochtal. Von meinem natürlichen Warter, wie der Alpenjäger die
Ansitzschirme aus Stein nennt, hörte ich's rechter Hand über den
Latschenkiefern steineln und entdeckte über mehreren kleinen
Grasflecken eine Gams. Im Glas entpuppte sich das rotbraune
Sommerwild als starker Bock. Bald wird er eine stattliche Winter-
gams sein und das Scharwild suchen. Gegen diesen braven Bock
nahm sich meine erste Gams, rein zufällig erlegt drüben in den
Roháče-Bergen, recht bescheiden aus.

… Zur Bartgamszeit war ich dort; die Brunft der gewandten
Kletterer reizte mich. Nach mehreren Ansitzen und Pirschen im
Smutná dolina, spekulierten wir in der Umgebung des vorderen
Salatin nach Gämsen. Der Winter hatte die Bergwelt bereits im
Griff, längst spürte ich nichts mehr von der Wärme, die der Auf-
stieg dem Körper verschafft hatte.

Da deutete mein Begleiter Josef in das Tal unter dem Berg Salatin. Ein Rudel Gämsen ging ganz lebhaft den Hang an, kam unserem Versteck immer näher. Plötzlich wurde mein Nebenmann
unruhig, murmelte mir unverständliche Worte zu und wies mit
dem Kopf auf das Rudel. Durch das Glas nahm ich mir alle Stücke
vor. Ja, deshalb diese Unruhe: ein krankes Stück befand sich
darunter, schonte ganz stark den rechten Vorderlauf, kam aber
noch gut zurecht. »Noch«, dachte ich, »der Winter hat eben erst
begonnen, die Gams hätte keine Chance, durchzukommen.« Josef
deutete auf seine Büchse: »Willst du schießen?« Und ob ich
wollte! Es musste rasch gehen, für viele Worte hin und her blieb
keine Zeit. Am Steilhang zog sich das Rudel auseinander. Als die

laufkranke Gams frei stand und aufwärts äugte, hatte ich sie fest im Vierfachen und drückte ab. Von den Wänden kam das Echo zurück, dann vernahm ich lautes Aufschlagen von Geröll, das die Läufe der Gämsen gelöst hatten. Und Josef riss die Arme hoch: »Gut Schuss, gut Schuss – Lovu zdar!«

… Auf der anderen Seite des Roháče-Tals, an den bewaldeten Nordhängen der Osobita, dort, wo die Bären zu Hause sind, verpasste ich meinen ersten Karpatenhirsch. Zur Nachbrunft war ich eingeladen; mehr ums Kahlwild ging es denn um Hirsche. Über eine abgelegene Waldwiese – ich kannte sie von der Bärenbeobachtung her – sollte Rotwild stets und ständig, also auch tagsüber wechseln. Nur wenn einer der Bären dort umherstreift, lässt sich Rotwild nicht blicken. Doch auf halbem Weg dorthin entschied sich mein Begleiter für einen Hang mit Fichtenjungwuchs unterschiedlichen Alters. Die mehr oder weniger großen Lücken waren von der Kanzel am Altholzrand gut einzusehen.

Wir saßen bereits zur Mittagszeit hier. Obwohl keine allzu großen Verständigungsschwierigkeiten zwischen Franti und mir im Wege standen, fiel kein Wort; jeder hing seinen Gedanken nach.

Und wie es so kommt, das Rotwild ließ nicht lange auf sich warten. In der gut mannshohen Dickung auf der uns gegenüber liegenden Seite knackte und knasterte es. Gebannt glitten die Augen über die niedrigen Horste und über jede freie Stelle. Bewegung kam in die Dickung. Halbschräg unter uns trat ein Alttier vorsichtig aus den Jungfichten, weitere Stücke drängten nach – ein gutes Rudel Kahlwild äste sich langsam zu uns hoch.

Doch was blinkte da? Lange weiße Enden tauchten aus den dunklen Fichten. Dann stand er frei, der Hirsch, der dem Kahlwild nachzog. Kronenlos das langstangige Geweih, mit einer Auslage, wie man sie von Auenhirschen kennt – ein Abschusshirsch wie aus dem Buche. Mein Bergjäger begann unruhig zu werden und deutete auf die in der Ecke stehende Bockbüchsflinte, da ich keine Anstalten machte, sie in die Hand zu nehmen.

»Warum nur die Unruhe?« dachte ich, Eile war nicht vonnöten, »wollen wir doch das Kahlwild erst einmal auf seinem Weg hierher und zurück ins Tal beobachten.« Mein Wildhüter Franti schien ganz anders zu denken und zeigte in Richtung Hirsch. Da griff ich zur Büchse, taxierte durchs Zielfernrohr die Stücke und entschied mich für das kälberlose Alttier, das dem Hirsch am nächsten stand, und das Franti sicher im Auge hatte. Im Knall sackte es zusammen, die anderen Stücke prasselten fort, den Hang hinauf ins hohe Holz.

Mein Tatrajäger Franti schaute mich an, als ob etwas Furchtbares geschehen sei: »To neni dobře, rekl on, Jelen, Jelen …!« sagte er, »Nicht gut! Der Hirsch, der Hirsch!« » Sie haben doch genickt, wie der Direktor erklärte, Alttiere und Abschusshirsche können Sie schießen.« Sicher habe ich bei dieser Antwort nicht viel besser dreingeschaut wie mein Wildhüter nach dem Schuss auf das Alttier. Mein erster Hochgebirgshirsch wäre er gewesen, der ungerade, langendige Zehner …

Wenn der Hirsch mit der weiten Auslage auch längst nicht mehr seine Fährte durch die Tatrawälder zieht, für mich lebt er weiter, wird in der Rückschau wie damals bedächtig aus den Fichten treten, sein Haupt heben, als ob er zum Schreien ansetzen wollte, und dann nach dem Schuss auf das Alttier durchs Jungholz stürmen und mit langen Fluchten im hohen Holz untertauchen.

Bilder vergangener Jagdtage – darüber wacht die Erinnerung. Das Wieder-Erleben bewahrt sie vor dem Vergessen. Doch in das lebendige Gedächtnis mischen sich Erwartung und Vorgenuss, gewinnen mehr und mehr Raum. Die Hahnenbalz unterm Kriváň lebt und lockt. Ich lehne mich zurück, schiebe den Lodenmantel unter den Kopf und schließe die Augen. Da nimmt der Urhahn im Dämmerlicht Gestalt an, richtet sich auf und perlt mir mit gefächertem Stoß seine Glepfer entgegen.

Späte Hirschbrunft

Erst kündigte sich der September mit verführerischer Spätsommerwärme an, so dass der Jäger wieder an der Suhle mit dem Feisthirsch rechnen konnte; von heute auf morgen lockte er mit Altweibersommer. Doch das Zwischenspiel dauerte nicht lange. Plötzlich stellte sich der Herbstmond um und erinnerte mit Regenschauern daran, dass es nun mit der warmen Jahreszeit ein Ende habe – kalt regnerisch ging der September dahin.

Tag für Tag hatte ich auf Wetterbesserung gehofft, gehofft auf sternenklare, vorherbstliche Nächte, Nächte erfüllt von den Brunftschreien der Hirsche. Und Tag für Tag verlor meine Hoffnung an Kraft. Zwar gingen die Hirsche um, doch alles geschah mehr geisterhaft still denn lauthals offen. Nichts von verwegenen Eifersuchtsgebärden, kein Spektakel aus vielen Hirschkehlen, nur ab und an ein paar Stoßseufzer, die der Wind mit sich forttrug. Es fehlte das Konzert für die Brunfthirschjagd: das Melden und Antworten, die Herausforderung und der Gegenruf, das Spiel und der Ernst mit der Kraft. Es fehlten die Glanzpunkte für Auge und Ohr – kurzum: es fehlten die zwölf heiligen Tage. Wenn auch nicht mit leichtem Herzen, ich musste es nehmen, wie es kam, mich abfinden und daran aufrichten, dass übers Jahr wieder Hirschbrunft sein würde, der man entgegen fiebert, als wäre es die erste im Jägerleben.

Noch ganz und gar mit den Hirschen beschäftigt brachte ein Brief Aufhellung ganz anderer Art ins jagdliche Fabulieren: »… komme wenn möglich, die Mufflone erwarten dich in Zbiroh!« Da das Rotwild im heimischen Revier ohne viel lebhafte Brunft zum Alltag zurückgekehrt war, sich viel Ruhe gönnte, hielt mich nichts mehr zu Hause. Mitte Oktober fuhr ich nach Křivoklát zu den Mufflons in die Wälder, wo einst böhmische

Könige jagten. Vergessen war die verregnete Hirschbrunft – jetzt lockten die Widder in den Bergen!

Im Forsthaus Vlastec am Fuße des Eichenberges erfuhr ich, dass sich auch hier die Brunft dahingeschleppt hatte, nichts rechtes gewesen sei. Doch nun wären die Hirsche ob der kalten Nächte in Stimmung gekommen, und ich könnte abends und auch am Morgen mein Heil auf einen Geweihten versuchen; für die »Mufflone«, wie sie Fratel, der Oberförster nannte, sei tagsüber reichlich Zeit. Das unerwartete Angebot nahm ich mit ganzem Herzen an und freute mich auf Schrei und Widerhall, auf raues Trenzen und Gepolter auf dem Brunftplatz.

Einige hundert Meter vor dem Forsthaus in einer nicht sehr großen Fichtendickung, die als lockerer Bewuchs mählich in eine wiesenähnliche, mit Erlenwuchs bestandene Fläche überging, sollte ein einseitiger Kronenhirsch stehen, der die vergangenen Nächte lärmend umhergezogen, doch bei Büchsenlicht jäh verstummt sei. Zu Gesicht hatte man ihn nur rein zufällig bekommen, als er am späten Morgen im Begriff war, den Fahrweg zum Forsthaus in Richtung hohes Holz zu überqueren. So lautete einer der Vorschläge, die ich gleich beim Schopfe packen wollte. Eine zweite, die mich gleichfalls reizte, gedachte ich mir für alle Fälle aufzuheben, denn »…dort wäre auch ohne Brunftbetrieb etwas zu machen!« Inmitten des Reviers an einem Buchenhang, der an schmale, vergraste Freiflächen grenzte, die wiederum Fichtendickungen umsäumten, sollte ein alter schwarzstangiger Sechser wechseln. Er sei bereits zweimal gefehlt worden und nun ganz heimlich. Doch die lebhafte Brunft könnte ihn wieder hervor zaubern.

Bereits am späten Nachmittag machte ich mich auf den Weg zu dem Ort, wo der Hirsch mit der einseitigen Krone vermutlich seinen Tageseinstand hatte. Ich erstieg die offene Kanzel und richtete mich für mehrere Stunden ein. Vor mir die schütter auslaufende Fichtendickung mit Graswuchs und Gestrüpp, dahinter die Wiese mit den Erlen, dann der Bach und schließlich der schon herbstfarbene Bergrücken. An ihm konnten sich die Augen ausruhen vom angestrengten Schauen auf die Dickung und ihr Vorfeld. Die Sonne schickte sich eben an, in die Baumwipfel einzutauchen, als drüben von der Gegenseite hinter Dickung und Altholz ein dumpfer, müder Schrei mich aufhorchen ließ. Das also war der Auftakt, der Begrüßungsruf für mich. Sicher die erste Aufforderung, das Achtungszeichen für den Platzhirsch in meiner Nähe. Oder stammte gar der einstimmende Laut von dem Hirsch, den ich erwartete?

Um meinen Platz herum blieb es lange still. Dann plötzlich ein Rascheln im Altgras zwischen den Fichten – für Rotwild eigentlich noch zu früh. Doch warum nicht? Ebenso wie es bei der Jagd kein ›Vorn‹ und kein ›Hinten‹ gibt, kann auch Rotwild zu ungewohnter Stunde wechseln, zumal es etwas nachzuholen gab – und obendrein herrschte hier himmlische Ruhe.

Doch die Verursacher vom Rascheln im Gras entpuppten sich als Ricke und Kitz. Sie mochten im hohen Gras eine ausgedehnte Mittagspause eingelegt haben, um nun dem Wiesenstreifen drüben am Bach zuzuwechseln. Die beiden Rehe nahmen sich Zeit, zupften da und dort, sicherten ab und an gewohnheitsmäßig und verloren sich schließlich in den vorderen Fichteninseln.

Wie ich ihren Weg mit den Augen verfolgte, knackte es an der Stelle, wo vor wenigen Minuten die Rehe erschienen waren – doch derber, kräftiger. Bei der intensiven Rehbeobachtung war mir entgangen, dass Kahlwild rechts neben mir durch die Fichten streifte. Da stand kaum fünfzig Meter neben meinem Sitz ein Alttier und sicherte unentwegt in die Richtung, die Ricke und Kitz genommen hatten. Jetzt trat das Kalb hinzu, und drinnen in den Fichten raspelte es erneut. Weiteres Kahlwild oder gar der Hirsch, von dem mir berichtet worden war?

Ein Hirsch musste es sein! Ganz deutlich vernahm ich das Anstreifen der Stangen. Hin und her trat der Geweihte, wollte

146

dem Kahlwild nicht folgen. Da drängte ein zweites Alttier vor, äugte zurück und mahnte nach dem Kalb … Nimmt das Kahlwild ohne Umschweife den Weg ins Freie, zieht der Hirsch bestimmt nach. Beides erhoffte ich.

Doch das Kahlwild rührte sich kaum vom Fleck, derweil drinnen im dichten Bewuchs der Hirsch auf und ab stolzierte. Er schien bei dem klaren Abendlicht dem Frieden im Freien nicht zu trauen. Bange Minuten vergingen, bis ein Schrei drüben im hohen Holz die Spannung löste. Der brachte meinen Hirsch aus der Fassung. Zornig drohte er mit seinen Rufen dem Näherziehenden. Dann ein Losstampfen, ein Fortbrechen geradewegs dem Eindringling entgegen. Nun begann ein überschäumendes Duell der Stimmen. Immer näher kamen sie sich. Auf einmal unerwartete Stille … Dann wieder ein Knacken von Dürrästen, dann Schlagen mit dem Geweih und tiefes, zorniges Orgeln. Jetzt ganz in der Nähe ein Auf und Ab der Hirsche. Der Hausherr kam zu seinem Kahlwild zurück. Wie er sich durch die Fichten schob, war ich fest auf die Stangen fixiert, die Büchse griffbereit im Schoß. Doch was da an Geweih zum Vorschein kam, hatte nicht im Entferntesten etwas mit einseitiger Krone zu tun. Ein vielendiger Kronenhirsch stand da vor mir: dunkel die Stangen, blitzblank die Enden – ein Ebenbild der Schöpfung!

Wenn auch der Gegner, der noch unerkannte Geweihte, Respekt zeigte, wagte er sich einige Male in gefährliche Nähe des Platzherren. Doch so sehr ich mich auch mühte, das Geweih mit dem Glas zu erfassen, es gelang nicht. Tauchte der Widersacher zwischen den Fichten auf, warf sich ihm der Hausherr entgegen. So ging das Treiben in die Mondnacht hinein. Ich saß und lauschte und wurde nicht müde vom Schauspiel, das die Natur mir bot. Stritten da nicht Siegfried und Hagen miteinander?

Auf dem Weg zum Forsthaus schmiedete ich meinen Plan für den nächsten Morgen. Hagen, den Herausforderer, wollte ich mir vornehmen, auf ihn setzte ich, er konnte der Gesuchte sein. Bis in mein Zimmer im Seitenflügel des Forsthauses begleiteten mich die Schreie der beiden Hirsche. Selbst durchs offene Fenster drang ihr Disput und ließ mich noch lange wach liegen.

Noch bei sternfunkelnder Nacht stand ich am Rande des Altholzes, das an die besagte Dickung grenzt, nur getrennt durch einen breiten Fahrweg. Die Rufer der Nacht hatten sich erschöpft, die zeitlichen Abstände der einzelnen Schreie zeigten es an, mein Ritter Hagen verspürte keine Kampfeslust mehr, trat bereits im Holz umher. Hielte er sich fest, ginge mein Plan auf; zöge er noch bei Dunkelheit seinem Einstand zu, würde ich das Nachsehen haben. Dann bliebe die Hoffnung auf den nächsten Morgen, da konnte sich alles ganz anders entwickeln.

Das Frühlicht kam, und der Hirsch blieb am Platz. Wie sich der Morgen aufhellte, ging ich zunächst forsch in Richtung Hirsch und wollte ihn dann im Fichtenholz angehen, da er sich seinem Einstand zuwenden würde – dachte ich. Alles ging gut, ich kam dem Hirsch näher und näher. Da meldete er plötzlich nicht mehr. Ich wartete und trat von einem Fuß auf den anderen. Dann sah ich ihn schemenhaft hinter Fichtenstämmen, dann ganz deutlich bald im Schritt, bald verhoffend. Immer näher zog er.

Im Glas zeigte er mir eine Krone, die andere Stange konnte ich nicht so recht ausmachen. Ohne das Haupt auch nur eine Kleinigkeit zu bewegen, zog der Hirsch dem Einstand zu. Wie er ein wenig seine Richtung änderte, halbspitz sich abwandte und sein Haupt wie zum Schrei zurück legte, sah ich, was ich zu sehen wünschte: die linke Stange ohne Krone – es war der Richtige!

In Sekundenschnelle verwandelte sich mein Innerstes, das Herz pochte bis in die Schläfen, suchend griff die rechte Hand nach der Büchse. Nun stand er wieder breit vor mir, doch Unterwuchs hielt den Vorschlag bedeckt. Dann ein Schritt und noch einer – vielleicht der letzte Augenblick! Im Schuss sprengte der Hirsch fort, ich folgte ihm nicht mit den Augen, hielt die Stelle fest im Blick, wo der Hirsch im Schuss gestanden hatte.

Doch lange hielt ich's an meinem Platz nicht mehr aus. Die Unruhe trieb mich zum Anschuss, ein gutes Gefühl hatte ich nicht. Wäre nicht am nächsten Morgen noch Zeit für den Schuss gewesen? Gewiss, doch Minuten zuvor gab es für diese Überlegungen keinen Platz, da hatte mich das Hirschfieber überwältigt.

Nun galt es, den Anschuss zu finden. Von der vermeintlichen Stelle ging ich im Zickzack vor, um ja nichts zu vertreten. Mit jedem Schritt wurde mir heißer, kein Zeichen im hohen Gras noch am Unterwuchs. Wie ein Schiffbrüchiger, der nach etwas Greifbarem Ausschau hält, kam ich mir vor. Endlich die Erleichterung: mein Blick traf auf bräunliche Grashalme, an denen es rot schimmerte. Im Nu war ich an der Stelle – und ein Stück weiter wieder Schweiß – die Spannung ließ nach – Schweiß vom Herz glaubte ich zu erkennen und ging der Rotfährte nach: zehn, zwanzig Schritte – da schimmerte es dunkelrot durchs Gesträuch. Mit wenigen Sätzen war ich beim Hirsch, zögerte einen Moment und griff dann nach den Stangen. Vorbei die Ungewissheit, keine Reue um den Schuss, kein Missmut eines schlechten Schusses wegen – das reine Glück, das der Jäger erfühlt, erfasste mich!

War das nun die Erfüllung des Jagens, die mich ergriff? Gewiss – der Schuss und die Beute sind die Sinnbilder für die Jagd und den Jäger. Aber zur Jagd gehört auch das, was hinführt zum Ziel – die Vorbereitung darauf und die große Szenerie der Landschaft. Mit dem Besteigen des Hochsitzes fing es an, auch die Ricke und das Kitz gehören dazu und die Mondnacht und der Weg zurück durch das leise raschelnde Riedgras.

Im Reich der Mufflons

Trauriger November Regen, nichts als Regen begleitete mich in die Wälder von Křivoklát. Der scharfe Wind nahm den Straßenbäumen das letzte Laub und trieb es auf die kahle Feldflur. »Kehr um, kehr um, das ist kein Wetter für die Mufflons!« stachelte der mit der Hahnenfeder am Hut. Doch die Bilder schöner Herbsttage und die noch junge Erinnerung an die späte Hirschbrunft, dort wo jetzt die Mufflons den Ton angeben, verscheuchten die trüben Gedanken. Und überhaupt wird sich das Wetter zum Besseren wenden und Leben in die Bergwälder bringen. »Fahr zu!« drängte das immer hoffende Jägerherz, »denk nicht an das Zurück!«

Als ich dann in die schmale Allee zum Forsthaus einbog, schien eine unsichtbare Kraft mich verwandelt zu haben. Nun war ich ganz Jäger, betrat eine andere Welt, ein stilles Waldgebirge, in dem das Geheimnis echten Jagens auf mich wartete ... Der eben noch regennasse November begann zu leben.

Einen Tag noch herrschte der Regen, dann verzog sich das Wolkenmeer, und der Wald schüttelte sich. »Ein gutes Zeichen«, versicherte Fratel, der Chef im Forsthaus. »Morgen weint der Wald nicht mehr, wir werden Mufflonwetter haben!« Zeitig schon war er auf den Beinen, keine Spur von Gelassenheit wie tags zuvor. Nachdem er ausgiebig mit seinen Förstern telefoniert hatte, schloss er sein »Kanzelar«, nahm Drilling und Glas vom Ständer im Flur, streichelte auf dem Hof der alten Schweißhündin den Hals und rief seiner Frau zu, dass wir erst am Nachmittag zurück kämen.

Fratel kannte seine »Mufflone«, wie er sie nannte, wusste, welche Tage er im Revier sein musste und wann er getrost zu Hause bleiben konnte. Gemächlich gingen wir die Fahrstraße hoch zum »Bild« an der alten Buche, eine Art Marterl am Scheitelpunkt des

Weges. Hier lud er seinen Drilling und bedeutete mir, Gleiches mit der Repetierbüchse zu tun. Jetzt ging es also richtig los.

Kaum dass wir ein paar Schritte bergab gelaufen waren, schon stockte Fratel: »Siehst du den Mufflone?« Ich hörte Schritte im Laub und sah ihn dann, wie er durch die Buchen trollte. Der Widder hatte wohl kurz vor uns die Straße gequert und am Rand des Altholzes gestanden, als wir ihn störten. Jetzt verhoffte der Rabenschwarze, äugte nach den Störenfrieden und ließ sich in aller Ruhe begutachten.

Durch das Glas zeigte mir der Widder, was er drauf hatte: die Schnecken weit ausgelegt und mit dicken Wülsten über der Stirn. »Das ist Zukunft. In drei oder vier Jahren können wir ihn jagen«, kommentierte Fratel die Beobachtung. »Gehen wir zur Wiese, dort sind schon die Mufflone – ganz genau!«

Der Pirschweg innerhalb des Dickungsrandes führte zur Kanzel und schützte uns vor den allzu aufmerksamen Lichtern der Mufflons. Fratel hatte Recht, warten auf die Wildschafe brauchten wir nicht, sie standen schon für uns bereit. Mehrere Schafe mit ihren Lämmern darunter ein Widder. Nachdem Fratel einen flüchtigen Blick durchs Glas geworfen hatte, flüsterte er mir zu: »Ein ganz starker Mufflone, einer der besten hier!«

An seiner Aussage war nicht zu zweifeln: weit die Auslage, hoch gezogen die Schneckenspitzen, wie zu seitlichen Waffen gerichtet. Und nach groben Wülsten über der Stirn suchte man vergeblich. Als wären die starken Schnecken über dem Haupt schuppig geriffelt, so sah es aus. Der Widder wurde plötzlich unruhig, äugte gespannt zur gegenüber liegenden Waldseite. Die Schafe kannten solches Gehabe, scherten sich nicht darum. Jetzt hielt den Widder nichts mehr beim Rudel. Im Nu hatte er den Erlenstreifen erreicht und hindurch ging's. Dann ein Knastern – und wieder Ruhe. Ein Weilchen dauerte es, da kam der Starke zurück, kam regelrecht angeschaukelt.

»Den Schwarzen hat er Trab gemacht«, meinte Fratel und deutete auf das Rudel: »Schau nach den Schafen, alle gut!« Ich nickte: »Alle in den besten Jahren!« Fratel bestätigte: »Wenn Schafe gut bei Wild, dann machen ein paar Jahre nichts. Der Jäger muss die Lämmer schauen – Schafe stark und gute Lämmer, dann nicht schießen. Schaf mit Bauch sofort schießen.«

»Ich weiß, ich weiß. Nicht zögern sollte man mit dem Schuss, selbst wenn das Lamm kein geringes ist, beiden gehört die Kugel.« Wir redeten noch eine Weile vor uns hin, da weckte ein Brechen von Holz erneut unsere Aufmerksamkeit. Im Erzählen hatten wir nicht bemerkt, dass sich der Widder verdrückt hatte. Vielleicht trieb er ein brunftiges Schaf im Holz hin und her. Fratel setzte sich in Bewegung: »Gehen wir zu den Widdern im Rudel.« Er sagte das mit solcher Bestimmtheit, dass ich ihm gern und mit Erwartung folgte.

Zu einer Berglehne, die von der Schotterstraße wie durch einen Wall abgeschirmt nach Süden lag, führte er mich. Alte Eichen und Ahorn und Äsung, dazwischen Felsen. »Das ist Oase für Mufflone«, klärte Fratel mich auf, »hierher kommen sie alle – Widder jung bis alt. Hier kannst du früh bis abends sitzen oder stehen und warten und viel Freude haben!«

In halber Höhe zum Kamm neben dem Weg, der durch die Fichten führte, gut gedeckt der Schirm – unser Platz. Wir hockten eine Stunde, blieben eine weitere, nichts tat sich. Fratel wurde unruhig, der Marktflecken blieb leer. Doch dann kamen die ersten Besucher von ganz hinten her, setzten über Felsen und verhofften halb schräg vor uns – eine Widdergesellschaft. Ob sie eine Pause einlegen oder ihren Weg talwärts oder bergauf fortsetzen wollten, dafür hatte sich das gemischte Rudel noch nicht entschieden. Und so konnten wir sie nacheinander ins Glas nehmen. Gar nicht so einfach, sich ein genaues Bild zu machen, wenn sie dicht gedrängt stehen und sich dabei hin und her bewegen. Auch auf die Gefahr hin, dass sie ihren Weg unvermittelt fortsetzen könnten, darf man nicht die Ruhe verlieren, unvorsichtige Bewegungen machen, oder sich der vermeintlich besseren Sicht wegen aus dem Schirm erheben.

Fratel machte nicht viel Federlesens mit dem Ansprechen, legte sein Glas gleich wieder beiseite, sagte kein Wort und gab mir damit die Ruhe zum ausgiebigen Beobachten. Bei mehreren Widdern zeigten die Schneckenspitzen bereits in Lichternähe, doch über der Stirn prahlten die Widder mit Schneckenwülsten. Bei einem der Jungwidder wuchsen die Spitzen bedenklich auf den Träger zu, ein anderer scheuerte bereits mit den Schläuchen – kein Wunder bei der engen Stellung.

Die Verschnaufpause ging zu Ende. Einer der Widder zog ein Stück vor und äugte zum Bergrücken hinauf. »Nichts dabei für dich?« frug mich Fratel. »Der mit wenig Sattel hat zu wenig Auslage, wird sicher einwachsen«, antwortete ich ihm. »Ja, dann schießen!« flüsterte Fratel und hob das Glas an die Augen. Da schob ich ganz langsam die Büchse aus dem Schirm und suchte im Zielfernrohr nach dem Einwachser. Mal äste er hinter den Keulen eines anderen Widders, dann wieder schob sich ein Nachzügler grad in dem Moment vor meinen Widder, als ich im Begriff war, den Finger zu krümmen. Noch hatte ich Raum, noch befand sich das Rudel weit genug entfernt vom Kamm. Endlich stand er frei, blieb mehr und mehr zurück. Es schien mir so, als ob die anderen ihn schon verloren gaben. Im Schuss streckte er sich, rutschte dann rücklings zusammen.

Fratel legte sein Glas aus der Hand, streckte mir die Hand entgegen und sagte: »Schlechtes Mufflone, aber gutes für dich, für gute Geduld – Lovu zdar! – Weidmannsheil!«

Auf dem Weg zum Forsthaus hellte sich der Himmel auf. Und in den Buchen, wo am Vormittag der Schwarze von uns überrascht worden war, huschten zwei Bergtrolle hin und her – zwei junge Widder, die mit ihren Kräften spielten – Novemberzauber im Bergwald.

Pirschfahrt mit Janos

Goldklarer Oktober. Die Sonne lächelt dem Wiesennebel zu und spielt im taunassen Erlengesträuch. Und wir schauen schlaftrunken zu. Die Zeit gibt sich den Anschein, als ob sie für uns still stehe, eben Vergangenes dauerhaft machen will – den Nachklang der Brunft des schwarzen Schauflers im halbhellen Eichenholz. Bild für Bild wiederholt sich. Wie ein schwarzer Teufel fegte der Schaufler hin und her und herrschte die jungen Draufgänger an, gönnte sich keine Pause. Und plötzlich, wie nach durchlebter Geisterstunde, löste sich alles wie der Blocksbergsspuk auf. Nur wir Zaungäste blieben zurück, wir, die nicht dazu gehörten, doch dabei sein wollten bei der herbstlichen Feier im Schoße der Natur.

Da hören wir Wagengeklapper und Hundegeläut. Stefan zwinkert mir zu: »Unten in der alten Mühle schirrt Janos die Pferde an.« Die Zeit ist ein sonderbar Ding. Eben noch schien sie für mich am Brunftplatz still zu stehen, nun läuft sie davon, drängte zum Aufbruch, der Pirschwagen ruft.

Damit die Pirsch von Beginn an in Ruhe und mit der nötigen Gelassenheit ablaufen kann, lässt Janos die Pferde zuvor einlaufen. Als das Fuhrwerk gemächlich die kleine Steigung vor der Mühle herauf zottelt, winkt mir Stefan zu, und ab geht die Fuhre, über die alte Holzbrücke, den Wiesensaum entlang zum Eichenwald hin.

»Freunden wir uns mit dem Wild an, machen wir eine Revierfahrt. Zum Jagen haben wir morgen noch Zeit – einverstanden?« Stefan sagt es mit freundlicher Bestimmtheit, was mir ganz recht ist, will ich doch am Pirschenfahren Gefallen finden, ob denn auch alles so läuft, wie man sich's erzählt. Auf gutem Weg klappert der Wagen dahin. Rechts und links hohes Holz mit freier

Sicht. Nach den ersten neugierigen Blicken lehne ich mich entspannt zurück, glaube durch einen englischen Garten zu fahren.

Da wendet sich Stefan vom Kutschbock mir zu: »Siehst du vor uns das Rudel? Es will zur Äsung auf den Wildacker.« Dicht gedrängt steht es auf dem breiten Fahrweg, äugt uns neugierig an und bildet regelrecht eine Sperre. Wir kommen näher und näher und Stefan erzählt – und das Kahlwild stört sich nicht drum. Endlich bequemt sich das Leittier und räumt mit seinem Gefolge die Fahrbahn. »Das ist unser ‚Haus-Rudel', hier wird nicht geschossen, doch damit wird es gleich vorbei sein«, klärt mich Janos auf und hält Wort. Wir biegen in einen Talweg ein, der Wagen beginnt zu holpern, die Pferde stemmen sich zurück. »Siehst du da untern im Bruch die Sauen? Eins, zwei, drei – schieß!« gibt mir Stefan zu verstehen. »Was für ein Jagdteufel mag ihn da reiten?«, denke ich. »Festhalten – nach dem Gewehr greifen – und vom Wagen aus schießen? Ist wohl ein Scherz? Ernsthaft kann die Aufforderung doch nicht gemeint sein.« Abends dann am Kamin lacht Stefan und sagt schmunzelnd: »Wenn's grad' so kommt, will ich sehen, wie viel Disziplin meine Gäste haben, danach richte ich die Jagd ein. Das ist meine Art von Probeschuss!«

Weiter geht die Fahrt. Hinter dem Bruch gabelt sich der Weg, Janos' Pferde wissen Bescheid – zum Brunftplatz. »Siehst du, hier herrscht Betrieb, alles ist schon pünktlich für dich«, murmelt Stefan mit zufriedener Miene. »Es gibt noch mehr Plätze, du wirst sehen und staunen. Janos, fahr zu!« Viel lieber hätte ich abgesessen und beobachtet, doch es geht ja ums Fahren. Stefan will mich in die Kunst des Pirschenfahrens einweihen.

Nach gut zwei Stunden bequemer Kutschfahrt fragt mich der Hausherr: »Genug gefahren, genug gesehen für heute?« »Ja, schon«, entgegne ich, »aber solch eine Jagd mit dem Kutschwagen ist doch das reinste Vergnügen. Und das Wild steht ja regelrecht herum und beäugt uns, als wären wir Parkwächter!« Stefan räuspert sich und überlegt: »Wir haben noch Zeit. Probieren wir's abseits vom Brunftplatz mit der Jagd. Janos, ab zu den jungen Hirschen, du weißt, was ich meine!«

Eine Laubholzmischung fahren wir an, altes Holz im Unterwuchs, die Wege ausgefahren. »Schau mehr nach links«, murmelt Stefan so ganz nebenbei, »dort zwischen den Stauden steht ein Rudel – alles junge Hirsche. Steig ab und such nach einem geringen Schaufler! Wir fahren in den Grund hinab und warten dort auf dich!« Jetzt habe ich meine leichte Jagd. Überall lichte Stellen, doch überall auch Sträucher. Mal sehe ich einen Hirsch, dann wieder zwei, meist nur Teile von ihnen. Drauf zu pirschen oder sich Schritt für Schritt seitwärts bewegen geht nicht, das würden die Hirsche als glatte Beleidigung empfinden und sich aus dem Staub machen, ehe ich so richtig im Bilde wäre. Also heißt es: warten! Da tritt einer der jungen Herren hervor: eine Seite Schaufel, die andere Seite zerschlissen – ganz der Richtige. »Eine Kleinigkeit zur Seite würde nicht schaden«, denke ich, »schließlich muss man auch beim Damwild mal etwas wagen.« Doch mit dieser winzigen Bewegung hab ich die Rechnung ohne den Wirt gemacht. Geradewegs unter die Argusaugen des Schauflers gerate ich – kurzes Mustern – dann geht die Post ab! Außer Schussentfernung verhoffen sie. Das also ist meine erste Pirschwagen-Erfahrung.

Als ich zum Gespann komme, ruft Stefan mir zu: »Ich habe keinen Schuss gehört – war wohl nicht ganz einfach die Jagd? Sitz auf, wir haben noch mehr vor.« Und was ich dir noch raten möchte: »Geh neben dem Wagen her, bis es passt, erst dann bleib stehen!« Das habe ich nun von meinem voreiligen Urteil, von wegen einfache Jagd mit dem Wagen. Das Fahren ist nur die eine Seite der Medaille, alles was danach kommt, fordert den ganzen Jäger. Ich nehme wieder Platz und Janos' Pferde zotteln los. Wir sehen einzelne Tiere mit ihren Kälbern, auch Schaufler, die unter Eichen äsen und wieder ein Rudel junger Hirsche. Janos fährt vom Weg ab und geschickt durch das Baumgewirr im Bogen um das Rudel.

»Der Wind ist jetzt gut, steig ab«, fordert mich Stefan auf. Diesmal will ich's besser machen, laufe neben dem Wagen her und bleibe hinter einem Weißbuchenstrauch stehen. Die Hirsche äsen und sichern, schenken aber dem davonfahrenden Wagen keine gesteigerte Aufmerksamkeit. Ein kurzschaufliger Junghirsch scheint mir der Richtige zu sein. Der Schuss lockt nach wenigen Minuten den Wagen herbei. Stefan sieht mich fragend an, folgt meinem Blick und ist sofort im Bilde. Vor dem Hirsch lächelt Stefan: »Nun das war pünktlich. Weidmannsheil zum Parkhirsch! Morgen geht's wieder in die Wildnis. Du möchtest es doch schwierig haben – oder? Das hier ist nur etwas für Anfänger!«

Impressionen aus heimischen Jagdrevieren

TEXT UND ILLUSTRATIONEN: JÖRG MANGOLD
FOTOS: ERICH MAREK

Guter
Anblick

Impressionen aus heimischen Jagdrevieren

Jörg Mangold/Erich Marek
Guter Anblick
Einladung zu einem faszinierenden Pirschgang mit den Augen:
der Premium-Geschenkband in hochwertiger Ausstattung · Die
gelungene Kombination aus wunderbaren Natur- und Wildtier-
fotos, stimmungsvollen Texten und meisterhaften Illustrationen.
ISBN 978-3-8354-0577-6